牧野邦昭

新版

戦時下の経済学者

経済学と総力戦

中公選書

まえがき

私たちが経済について知ろうと経済学の本を手にとって読むと、そこには多くの図や難しそうな数式、統計が載っている。学生時代に理科や数学が苦手だった人はそれだけで拒否反応を示してしまうかもしれないが、一方ではそれらが逆に経済学を文系の学問というよりも自然科学に近い学問、ひとことで言えば科学的な学問であるという印象を読み手に与えることになる。

その一方で、同じ経済学を勉強してきたはずの経済学者の言うことが全く異なることもしばしばある。日本経済や世界経済はなぜ現在のような状態にあり、今後どうなるのか、どのような経済政策が望ましいのか。多くの人はこれらについて知りたいと思っているが、もし経済学者の意見が一致しているのであれば、経済学を知らない人でも一致している意見を信頼しようとするだろう。しかし現実には、多くの場面において、経済学者の意見が一致することはあまりない。多数派の意見はあっても、少数派の意見が常に存在し、経済学の外部の人間からすれば、どちらが正しいのかがわからないため困惑することになる。

このような場合、経済学者がとりがちなのは、「自分の拠って立つ経済学は正しく、自分と結論の異なる経済学者の拠って立つ経済学は間違っている」という態度である。経済学を自然科学と近いものと考えれば、物理学や化学が一つしかないのと同様に、経済学は、時代とともに発展するものの基本的には一つしか存在せず、それ以外の経済学はすべて「間違った経済学」、「えせ経済学」となる。

ただ、仮に「経済学が一つしかない」という命題を認めたとしても、別の問題が発生する。自然科学の場合には、研究対象と研究者とは異なるものであり、研究者は対象を客観的に扱うことができる。これに対して経済学を含む社会科学の場合、その研究対象となるのは研究者を含む社会である。自分自身を含む社会を客観的に扱うことはできるのだろうか。

この問題はかつて何度もとりあげられてきたにもかかわらず、自然科学と似た手法を用いる経済学ではしばしば経済学者が忘れがちになるものである。仮に経済学が一つしか存在しなくても、それを用いる経済学者が人間である以上、自分の価値観あるいは社会の通念から全く離れることは難しいしおそらく不可能だろう。自分自身は客観的に研究していると考えていても、後世から見れば時代の支配的な思想から逃れられてはおらず、結局のところ経済学を利用して特定の思想に基づく結論を根拠づけていたと見られてしまうかもしれない。同じ経済学を用いて分析しているはずの経済学者の意見がしばしば異なったり、社会状況が変わると言うことが変わるのも、結局は経済学以前にそれぞれの価値観が異なったり変わったりすることが原因なのかもしれない。

本書でとりあげるのは、第一次大戦から第二次大戦にかけての時代に、「総力戦」に直面した日本の経済学者たちの行動や言説である。現在からみれば、第一次大戦や第二次大戦は社会のあらゆるもの（人的資源、物的資源、さらに思想）を総動員することによって敵に打ち勝とうとする総力戦であり、そこで作りだされたさまざまな制度や思想が現代社会にも大きな影響を及ぼした。そして総力戦において重要な役割を果たすのが経済であり、経済学者は総力戦体制に否応なしに巻き込まれざるを得なかった。

ただし、これは現在だから言えることである。当時の経済学者は目前の事実をできるだけ客観的に理解しようと懸命であり、それを（自分の考える）望ましい方向に導いていくための努力を行なった。それらの個々の経済学者の行動について、現在の視点から称賛したり批判したりすることはこれまでも盛んに行なわれてきたが、本書は個別の思想や行動を問題にするものではない。個々の経済学者が自身の経済学研究に基づいて主張した思想や行動が、現在の視点から見て当時の日本社会や経済学の動きのなかでどのような役割を果たしており、最終的にはどのような形で総力戦体制に取りこまれざるを得なかったのか、そして戦後日本の経済や経済学にどのような影響を与え、現在の私たちが当然と考えている制度や思考法とどのように関係しているのかを明らかにしようとするのが、本書の目指すところである。したがって本書は通常の経済学史・経済思想史というよりも「経済学の社会史」という方が適切かもしれない。

本書は日本の著名な経済学者の第一次大戦に対する反応から始まる。あらゆるものを動員していく総力戦に初めて直面した経済学者が、それを日本の現実にどのように適応させようとし、それが本人の意図を離れてどのような役割を果たすことになったのかを読むことで、まず本書の手法を理解していただきたい。

戦時下の経済学者＊目次

※本文中の文献名および引用文は旧漢字を新漢字に直している。また引用文中の［　］は筆者による挿入を意味し、重複を避けるためなどによる軽微な省略は……で表している。

新版　戦時下の経済学者——経済学と総力戦

第一章　河上肇——戦時下の経済思想の「先駆け」

ナショナリスト・河上肇

河上肇《かわかみはじめ》は、留学のため大正二（一九一三）年一〇月二五日に神戸港を出発し、一二月二六日夜にブリュッセルに到着、翌年二月一〇日にはパリに移った。パリで出会った島崎藤村——姪との関係を清算するために大正二年から大正五（一九一六）年までパリに滞在していた——は、河上としばしば議論を交わし、藤村が「小さい反抗心は捨てようぢや有りませんか。もつと欧羅巴《ヨーロッパ》をよく知らうぢや有りませんか」とたしなめたのに対して河上が「愛国心といふものを忘れないで居て下さい」と叱ったこと（『藤村全集』第八巻、二八三ページ）など、河上の愛国者としての側面を書き記している。

特に河上は、やはりパリに来た物理学者の石原純が藤村の下宿で「日本人があまりに他の模倣を急ぐ」ことを批判したことに対して次のように激しく反論した。どんな国の文明でも他の摸倣から始まらないことはなく、ヨーロッパ人がギリシャやローマの文明を受け継いだのと日本が中国やインドの文明を受け継いだのとは同じである。それだけでなく、日本人は摸倣するだけでなくそれを自分のものとしてそこからさらによいものを引き出す。西洋文明が輸入されてからは日が浅いのだから、「更に四十年の後、五十年の後を待て」(同二八五ページ)。

こうした「日本人は摸倣を経てより良いものを生み出す」という主張は、河上本人が「日本人があまりに他の模倣を急ぐ」ことにいらだっていたことの裏返しだった。河上が佐藤信淵《のぶひろ》などの江戸時代の経済思想研究を盛んに行なっていたことはよく知られているし、留学からの帰国後に大阪朝日新聞に連載された「日本民族の血と手」でも、河上は「学問上の独立」を主張し、「私共学問に従事する者も此際大に奮発して、今後は徒《いたずら》に欧米の学説を輸入するをのみ能事とするの陋《ろう》を根本的に打破する積りである」(『河上肇全集』〔以下『全集』〕第八巻、七九ページ)と宣言している。

このように、愛国心を唱え「学問上の独立」を訴えるナショナリストとしての河上の姿は、今日では必ずしも広く知られていない。むしろ河上は「人道主義的マルクス主義者」として有名である。河上が大学生時代に足尾鉱毒事件の講演を聴いて自分の持つ衣類をすべて寄付したり、利他心に基づく真理を得たとして宗教団体「無我苑」に入信したりするといった行動をそれまでにとっていたこと、代表作『貧乏物語』(新聞連載大正五〔一九一六〕年、単行本大正六

（一九一七）年）で貧困を解決するための手段として「富者による自発的な奢侈《しゃし》の廃止」を訴えたこと、芸術批評家・社会思想家のラスキンを「人道主義の経済学」の代表としてマルクスと並んでとりあげたことは、河上の人道主義者の側面を伝えている。また、河上が『貧乏物語』を櫛《くし》田《だ》民蔵《たみぞう》らによって批判され、マルクス主義に近づいていき、マルクス主義の論客として論壇および学生に大きな影響を与え、昭和三（一九二八）年に三・一五事件（日本共産党関係者の一斉検挙）を契機として京都帝国大学経済学部教授を辞職し、その後日本共産党に入党して昭和八（一九三三）年に治安維持法で検挙されたことはよく知られている。

ただ、「人道主義者」「マルクス主義者」という側面以外に河上を語るうえで見逃すことができないのは、「ナショナリスト」としての側面である。もともと岩国の武士の家に生まれ、吉田松陰を敬愛していた河上は、無我苑からの離脱後は『日本経済新誌』を創刊し、当時自由貿易を主張していた田口卯吉《たぐちうきち》の『東京経済雑誌』を批判して保護貿易を主張した。明治四一（一九〇八）年に京都帝国大学法科大学講師として招かれた後も、河上は日本経済に対する憂いを繰り返し説いていた。明治四五（一九一二）年の「吾人の悲観」において河上は「日本の経済学者の多くは自国の前途に就いて尽《ことごと》く一大悲観を為

河上肇　『マルクス主義経済学の基礎理論』口絵より

して居る。少なくとも余は、若し我国が今のまゝで進んだならば、遠からずして必ずや衰亡すると確信して居る次第である」（『全集』第五巻、四三八ページ）と日本経済の行く末を悲観し、「吾人は何故日本の前途に就いて悲観する乎、曰く貧乏だから悲観する。貧乏では何をしようにも仕様がない、だから悲観せざるを得ぬ」（同四三九ページ）と、日本という国自体が貧乏であることを問題としている。

多くの研究では、河上がナショナリズムに徐々に批判的になっていく点を強調する。しかし河上自身が晩年の『自叙伝』のなかで「私はマルクス主義者として立つてゐた当時でも、嘗《かつ》て日本国を忘れたり日本人を嫌つたりしたことはない。寧《むし》ろ日本人全体の幸福、日本国家の隆盛を念とすればこそ、私は一日も早くこの国をソヴェト組織に改善せんことを熱望したのである」と述べている（『全集』続五巻、一四〇ページ）。河上にとって、ナショナリズムとマルクス主義は両立可能なものであり、最後までナショナリズムを捨てることはなかった。

河上が体験したドイツの戦時経済体制

河上の留学生活に戻ろう。河上がパリに滞在したのは約二カ月間であり、四月一八日にはドイツに向かうためパリを発った。ドイツではベルリン大学は見学しただけで他の留学生のように講義を聞いたりはしていない。大学の講義には出ないで「下宿屋に立籠つて書物を読むか理窟を考へるか」、具体的には江戸時代の哲学者三浦梅園《みうらばいえん》の経済理論書『価原』をドイツ語訳するなどの作業をしていた。

イギリスに渡った後に書いた「文部省留学生」で河上は「日本に居ればもつと委《くわ》しい説明が落付いて本で読めるのに、それよりも簡単な講義を不束《ふつつか》な耳で聴く為めに、態々《わざわざ》西洋に出掛けると云ふのは、無論愚かな業です」と、海外留学が必ずしも必要ではないとし（『全集』第七巻、四六一ページ）、むしろ大学や専門学校の教師に「一生を通じて例へば五年目毎に一ヶ年と云ふやうに、全く教務から離れて自由に研究し得る時間を定期に与へる方が遥《はるか》に利益だと信じます」と、現在でいうサバティカル制度を充実させることを主張している（『全集』第七巻、四六五ページ）。

余談だが、大正一一（一九二二）年に、後に「宇野理論」で有名になる宇野弘蔵《うのこうぞう》がドイツ留学に出発する際の送別会でも河上は、日本人がヨーロッパへ行くのは劇場の三階の人垣の裏へ行くようなもので、かすかに歌が聞こえてくるくらいであり、あとで新聞で読む方が正確だといった留学無用論を主張し、櫛田民蔵に「そんなことはない、やっぱり外国に行ってみる必要がある」と反論されている。[1] ちなみに、宇野がドイツへの留学を希望したのは『資本論』を勉強するためであったが、実際にドイツでは、大学には「入っていないと税金が重いので入っただけ」であまり行かず、毎日下宿で『資本論』を読むという、河上と同様の留学生活を送った。[2]

しかし、河上のこうした「書物を読むか理窟を考へるか」というドイツでの生活は、第一次大戦の勃発によって激変することになる。

一九一四年六月二八日、オーストリア＝ハンガリー帝国のフェルディナント大公夫妻がサライェヴォでセルビアの民族主義者に暗殺され、七月二八日にはオーストリア＝ハンガリー帝国がセルビアに宣戦を布告して第一次大戦が勃発する。ドイツはオーストリアとの同盟に従ってセルビアを支援するロシアに八月一日に宣戦を布告する。ドイツがベルギーの中立を侵犯してフランスに侵攻することが明らかになり（ドイツは八月三日にフランスに宣戦布告）、イギリスは八月四日にドイツに宣戦布告した。

日本の動向がわからない頃には、河上はこうした騒然とした状態を絶好のチャンスだと考えていた。河上に言わせれば「今は戦時経済の大実験が行はれつゝある最中である。医科や理工科の人々は、大学の実験室が凡《すべ》て閉鎖された以上、茲《ここ》に居るのは全く駄目だと云《い》つて居たが、吾々経済学の書生に云はせると、恰《あたか》も其と反対で、今は独逸《ドイツ》全国が非常経済の大実験室に充てられて居るのである」（『全集』第八巻、八二ページ）。このように、戦時経済を体験するためにいったんは居残りを決めた河上だったが、日独開戦の危機が迫り一刻も早く退去するようにという日本大使館からの勧告もあり、八月一五日にベルリンを離れ、一七日にはオランダに入りイギリスに脱出する。日本は日英同盟に従って二三日にドイツに宣戦を布告した。

あわただしくドイツを離れた河上だったが、ドイツの戦時経済体制への速やかな移行は強い印象を与えたようである。イギリスで記した「独逸経済界の「戦時状態」」で河上は次のように記している。「動員令が下ると同時に、私共と同じ建物に住んで居た十七歳以上の若者はまだ一度も軍隊の訓練を受けて居らぬのに早速召集されて仕舞つた。大学其他の学校も直ちに閉鎖されて仕舞つた」。そして財政金融上の政策として金兌換停止、不換紙幣の増発、貸付金庫証券の発行等の非常手段がすぐに採用された。「之に比べると日露戦争当時の我国はまだ全力の半ばも出しては居なかつた。兌換も停止せず、学校も休まず、国民軍も出さず、大体に於いて平時の機関は其のまゝに運転して居たのであるが、今度の独逸の勢ひは其と全く相違して居る」(『全集』第七巻、四五五ページ、傍点は省略)。

河上はこうした急速な戦時経済体制への移行に目を見張りつつも、一方ではそれが長続きしないだろうと見ていた。「殆《ほとん》ど国民全体を挙げて喰はず飲まず眠らずに戦争して居る姿である。之ではとても永くは続かぬ。恐く一挙に勝を制する積りであらう。若し永引いたならば、戦争には勝つても経済が持たぬであらう。勝つ積りならば早く勝たねば為らぬ。勝敗の決が後れると云ふ事は、軈《やが》て独逸の敗北を意味する」と。しかしドイツは、河上の帰国(大正四〔一九一五〕年二月)後も一九一八年一一月の休戦協定調印まで四年以上戦い続けた。ではドイツはなぜこのように粘り強く戦うだけの国力を発揮できたのだろうか。

「奢侈を廃止して資本を生み出す」

河上の見るところでは、ドイツがイギリスによって海上封鎖を受けながらも戦いを続けることができたのは、一切の奢侈を廃止したからだった。河上は後に『貧乏物語』で「過去数年の間、世界一の富国たる英吉利《イギリス》が、今では参百億円以上に達する大金を費やして攻め掛けて居るけれども、兎に角今日迄は［ドイツは］能《よ》く之に対抗し得たのである。之を以て見ても、皆が平生の奢侈贅沢を凡て廃止したならば、如何《いか》に其処《そこ》に多くの余裕を生じ、如何に大きな仕事を為し得らるゝかゞ分る。私は日本の如き立ち後れた国は、独逸が戦時に為《な》つてやつて居ることを、平生から一生懸命に為つてやつて行かねば、到底国は保てぬと憂ひて居るものである」（『全集』第九巻、九九ページ）と述べている。奢侈の廃止は経済力強化につながり、「日本の如き立ち後れた国」にも役立つと河上は考えた。

「奢侈を廃止すること」は河上の長年の持論だった。河上が「千山万水楼主人」の名で明治三八（一九〇五）年に読売新聞紙上に連載して大きな反響を呼んだ「社会主義評論」第三三信では、富者が「米穀」といった必需品の消費に飽きれば「生活に必要なき無用の奢侈物」を購入するようになり、生産者は利益を得るために奢侈品を生産するため、必需品生産が減少し、その結果米穀などの必需品は「生産足らず、為めに飢餓に苦むもの常に万を以て数ふ」という主張がされている（『全集』第三巻、七〇 - 七一ページ）。現在の経済学用語を使えば、富者が限界効用逓減によって奢侈品を需要するために生産が奢侈品に向けられ、必需品が生産されなくなるという主張であり、これは『貧乏物語』でも繰り返され、貧困の原因の説明になっていない（最初に富者と貧乏人の所得格差が前提とされている）として多くの経済学者から批判を浴びることになるが、実は河上が特に『貧乏物語』で本当に訴えたかったのは、奢侈品需要が「資本の無駄遣い」になるということである。
河上は『貧乏物語』を書いていた当時（大正五〔一九一六〕年）、資本についての研究をしており、資本を「浮キ上リ居ル所ノ一般的購買力ヲ有スル剰余財産」、より現代的な表現にすれば、家計貯蓄や企業の投資資金のように自由に使える資金としている（「資本ノ概念」『全集』第八巻）。そして経済規模が小さく貧富の格差の大きい当時の日本経済を考慮に入れれば、家計貯蓄のほとんどは富者が有しており、富者＝資本を所有する人間＝資本家といえる。こうした河上の資本概念を踏まえて初めて『貧乏物語』の以下の記述が理解できる。

今日余裕のある人々が、奢侈贅沢の為に投じて居る金額は大したものである。さうして仮に其等の人々が、若し一切の奢侈贅沢を廃止したとするならば、是迄さういふ事に浪費されて居た金は皆浮いて出て、其が尽く資本に為るのである。それから又、さういふ奢侈贅沢品を製造する事業の為に吸収されて居た資本も、皆浮いて来るのである。さうなつて来れば、いくら資本の欠乏を訴へて居る日本でも、優に諸般の事業を経営するに足るだけの資本が出て来る筈である。（『全集』第九巻、九八ページ）

「余裕のある人々」が奢侈をやめれば剰余資金＝資本が生まれる。また、奢侈品製造のために用いられてきた資金も需要がなくなったことで引き上げられ、「浮いて来る」ことで「浮キ上リ居ル所ノ一般的購買力ヲ有スル剰余財産」となる。こうしてできた剰余資金＝「資本」を「諸般の事業」に向けることができれば「資本の欠乏を訴へて居る日本」でも生産は拡大するはずである。

河上の問題意識が「資本の無駄遣いをなくすこと」にあったことは、『貧乏物語』の最後からもわかる。河上は『貧乏物語』連載の最後で第一次大戦の原因をイギリスとドイツとの資本輸出競争に求めている。河上は「一国の産業が或程度以上の発達を為す時」には利潤の集積によって資本が豊富になり、これを「海外の未開国」に投資することで高率の利益を得られるために資本輸出が重要になってきたと説明する（同一一三－一一四ページ）。続けて河上はイギリスの経済評論家ウィザーズ（Hartley Withers）の『貧困と浪費』*Poverty and Waste*（Smith, Elder & Co.,1914）を紹介し、ウィザーズが「今日英国の本土内に於いても起すべき仕事が猶ほ沢山にある」ことを詳論していることを述べている。ウィザーズは同書以外にも金融の解説書を多く書いており、資金が産業に投資されるのではなく享楽に使用されるなら生産力は向上しないと何度も主張していた。[3]

河上は「最も資本に豊富な世界一の富国たる英国」で生活必需品が十分に供給されないのは「其等貧乏人の要求に応ずべき事業に放資するよりも、海外未開地の新事業に放資する方が儲《もうけ》が多いからである」「かくて世界一の富国たる英国は同時に世界一の貧乏人国として残りつゝ、資本の輸出の競争の為に国運を賭《と》してまで戦争しなければならなく為つた」と指摘し、「思ふに若し英国の富豪乃至資本家にして、消費者として将《は》た生産者として真の責任を自覚するに至るならば、啻《ただ》に国内に於ける社会問題を平和に解決し得るのみならず、又世界の平和をも維持し得るに至るで有らう」（同一一五ページ）と述べている。こうした河上のイギリスへの言及は『貧乏物語』冒頭でイギリスに多くの「貧乏人」がいることを紹介した部分に対応している。

イギリスは「富豪乃至資本家」が海外投資に向けられる資本を国内投資に向けることで社会問題を解決することができるという河上の主張は、実は第一次大戦後に『貨幣改革論』（一九二三年）で管理通貨制を主張したケインズが意図していた政策とよく似たものである。ケインズは第一次大戦後、投資者階級が貨幣愛に基づき高い金利でなければ資金を国内の企業家階級に提供しようとせず、もっぱら海外に投資するため、戦争による疲弊からの回復と新興国への対抗上新しい設備投資を必要とする国内産業に資金不足が生じ、多くの失業者が生じていると した。したがってケインズは、自由な海外投資を許す金本位制ではなく、為替管理による海外投資のコントロールとそれが国内投資に向かうように国家が介入することを提案する。[4]

つまり河上とケインズのイギリス経済に関する分析はほぼ同じであり、[5]両者はともに、資本を持っている階級（富者、投資者階級）がその資本を有効でない使途（奢侈、海外投資）に用いるのではなく、国内生産者が利用できるようにすることで生産性を向上させるとともに社会問題（貧乏人の存在、失業）を解決することを目指していた。ただ、資本の豊富なイギリスでは海外投資に向けられる資本を国内に向けることで国内生産者が利用可能な資本の量は増大するが、後進資本主義国で海外投資はおろか国内生産者に必要な資本の量も足りない日本では、資本は別のところから新たに創り出されなければならなかった。第一次大戦の影響で輸出が増加し株価が上昇するのは、大正四（一九一五）年後半に入ってからであり、同年以降国際収支は飛躍的に改善されるものの、大正三（一九一四）年の段階では日本は貿易赤字に悩んでいた。大正三年には大戦勃発に伴う貿易と海運の途絶によって生糸輸出や原綿輸入が激減し、株式暴落や銀行取付が起きている。河上が「貧乏物語」連載時に脳裏に浮かべていたのは、資本蓄積が乏しく海外での戦争によって景気が左右される「貧しい日本経済」であった。

その意味で、河上の奢侈品に関する主張は、ポーランド出身の経済学者ミハウ・カレツキが一九五〇年代に国連本部で取り組んだ低開発国の経済開発モデルと似た部分がある。カレツキは供給力の不足した後進資本主義経済を成長させるためには、富裕層の消費のための奢侈品を生産することに希少な資本や中間財、熟練労働者が吸収されないように投資を許可制にし、さらに高級消費財の消費を制限するための租税を課すことが必要であるとした。河上の『貧乏物語』は、後進資本主義国であった日本が希少な資本を用いて供給力を向上させ経済成長を実現するために必要な条件を提示した、一種の「開発経済学」であったとも解釈できる。[6]

貧乏退治のための総力戦

「奢侈を廃止することによって資本が生み出される」ことは経済学の主張である。問題はどのように奢侈を廃止し、それによって生み出された資本をどのように必要な分野（貧しい人々のための必需品生産や経済成長のための生産）に振り分けるかである。河上の『貧乏物語』における回答は「社会問題を解決するが為には、社会組織の改造に着眼すると同時に、又社会を組織すべき個人の精神の改造に重きを置き、両端を攻めて理想郷に入らん」（『全集』第九巻、九四ページ）、つまり組織の改造と精神の改造であった。

『貧乏物語』では読み進むにつれて古今東西の古典が引用されて富者の奢侈贅沢や実業家の金儲けが道徳的に批判されており、これだけを読めば『貧乏物語』は人道主義的に社会問題の解決を図った書物といえる。しかし河上は最初に奢侈を問題にした「社会主義評論」において営利を目的としない「新社会」「社会主義の国家」によって「社会一般の必要品」を生産していくことを主張しており（第三三信および第三四信）、後に「貧乏物語」連載中に経済組織改造を社会主義という用語を用いて触れようとしたところ、大阪朝日新聞からゲラ刷りを送り返されてきたため、当時考えていた「組織改造と人心改造の二頭立て」のうち人心改造を強調したことを述べている。[7] また、河上が「貧乏物語」連載前の櫛田民蔵宛の手紙（大正四〔一九一五〕年一二月一六日）で「追々社会主義の伝道にも力を分つ積りです」と書いていたことは比較的よく知られている。[8]

つまり河上は、貧乏をなくすため社会主義的な経済組織が必要であると早い時期から考えていたが、この時期に河上が考えていた社会主義とは、端的に言えばドイツが第一次大戦で行なったような総力戦体制であり、現代の視点からすれば「国家社会主義」と呼べるものであった。既に『貧乏物語』の想源として紹介されている[9]河上の大正四～五年の講演原稿「現の世より夢の国へ」[10]では以下のような主張が行なわれている。

ソコデ最後ニ話ヲ夢ノ国ニ引キ入レテ、然ラバドウシタラ善イカト云フニ、私ハ此ノ天下ノ生産力ヲ支配スル全権ヲバ凡テ　天皇陛下ニ帰シ奉ルコトニシタイト思フ。恰モ維新ノ際諸侯ガ封土ヲ皇室ニ奉還シタヤウニ、今日ノ経済界ニ於ケル諸侯ガ其事業ヲ国家ニ奉還シテ、世俗ニ謂フ三菱王国ノ主人モ、三井王国ノ主人モ、其他一切ノ事業家資本家ガ悉ク国家直属ノ官吏トナリ、カクテ吾々六千万ノ同胞ハ億兆心ヲ一ニシテ働ク、悉ク全力ヲ挙ゲテ国家社会ノ為ニ働ク、其代リ其レ〴〵天分ニ応ジ必要ニ応ジテ国家ヨリ給与ヲウケテ、何人モ貧困線以上ノ生活程度ヲ維持スルト云フ、サウ云フ世ノ中ニシタイモノト私ハ切望シテ居リマス。今日独逸ガ四方ニ敵ヲ受ケテ未ダ敢テ屈セザル所以ハ、戦時ニナツテカラ正ニ私ノ理想トスル所ヲ或程度マデ実行シツヽアルガ為メデアル。私ハ我国ガ平時ニアツテ此理想ヲ実行スルコト一日早ケレバ一日ダケノ利益ガアル、一日後ケレバ一日ダケノ損ガアルト確信シテ居ル。此理想ヲ実行スルノ外ニハ、此貧乏国ヲ救フテ欧米諸国ヲ凌グニ到ルノ策ハナイト確信シテ居ル者デアリマス。

生産権を天皇に奉還し「事業家資本家」が「国家直属ノ官吏」になって「六千万ノ同胞」が心を一つにして「国家社会」のために働き、分に応じて国家から給与を得ることによって貧困線以上の生活水準を維持していく。現在ドイツはこうしたことを戦時経済下である程度実行しているために四方に敵を受けても屈していない——こうした内容は当時の河上にとってはごく自然な発想であったと思われる。「生産権の天皇への奉還」という主張はその後も、天皇の下で資本主義原理を修正していこうと考える革新右翼によってしばしば行なわれている。

このように国家が総力戦として「貧乏退治」を行なっていくべきであるという視点からすると、河上が『貧乏物語』でロイド・ジョージを高く評価した[11]ことはよく理解できる。河上は、ロイド・ジョージが人民予算（the People's Budget）導入時に行なった演説で同予算を戦争予算に譬えた部分をとりあげ、ロイド・ジョージがドイツとの戦争以上の大戦争として貧困に対する戦いを続けることに期待している（同一一八–一一九ページ）。弱者への共感を基本的な信念とし、また当時のイギリスにおいて経済の衰退への危機感から叫ばれていた「国民・国家の効率」の点から、有閑階級を社会的浪費の代表的な存在と考えていた[12]ロイド・ジョージは、早い時期からイギリス経済の衰退に注目していた[13]河上にとって、イギリス経済の復興と貧困退治のための総力戦を実行しようとする最も優れた政治家であった。

さらに精神の改造という点からも、総力戦体制は好ましいものであった。河上は第一次大戦によってヨーロッパ各国が総力戦体制に移行したことで、戦争終結後も戦時変革が継続して人々の精神（利己主義か利他主義か）にも影響を与える可能性を『貧乏物語』で指摘している。

人間は能《よ》く境遇を造ると同時に、境遇が又人間を造る。英独仏等交戦諸国の国民は、国運を賭するの境遇に出会ひしが故に、忽《たちま》ち平生の心理を改め、能く献身犠牲の精神を発揮するを得た。それ故、平生ならば議会も輿論も大反対を為すべき経済組織の大変革が、今日は訳もなく着々と実現されて来た。之《これ》は境遇に依つて一変した人間が、更に其境遇を一変せしめたのである。然るに境遇は又人間を支配するが故に、もし此上戦争が長びき、人々が次第に新なる経済組織に慣らされて来ると、或は戦後にも戦時中の組織が其のまゝ維持せられるかも知れない。否戦後も暫くの間は、諸国民とも戦時と同じ程度の臥薪嘗胆《がしんしょうたん》を必要とするで有らうから、戦時中の組織はおそらく戦争の終結と共に直に全く崩れて仕舞つて、凡てが尽く元の通りになるといふ事はあるまい。少くとも私はさう考へる。それ故、私は……一九一四年は恐らく経済史上に於いて将来一大時期を劃する年となるで有らうと思ふ。（同八七ページ）

戦争により国民が「献身犠牲の精神を発揮」することによって「経済組織の大変革」が行なわれ、さらに変化した経済組織が人々の精神を支配していく。つまり総力戦体制が継続していけば、人々の意識も贅沢を行ない営利のために奢侈品を生産しようとする「利己主義」から、社会全体のための生産を行なおうとする「利他主義」へと変わっていくはずである。

おそらく河上は、第一次大戦における総力戦への突入を体験しなければ「経済組織の改造」が具体的にどのようなことかを想像することはできず、また「利己主義」から「利他主義」への変化の実現可能性を信じることができず、『貧乏物語』を書くこともなかったのではないかと思われる。

戦時下に引き継がれた河上の思想

大内《おおうち》兵衛《ひょうえ》が書いているように、「『貧乏物語』の問題提起は、……大いに有意義であって、それによって日本思想界の受けたショックは前例を見ないほど大きかった」[14]。河上の『貧乏物語』あるいは個人雑誌『社会問題研究』によって社会問題や経済学に目覚めたという回想は数多く、河上の存在が日本の経済思想に与えた影響はきわめて大きい。

本書でとりあげる戦時下日本（主に昭和一〇年代）における経済思想を今後見ていくなかでも、そのほとんどが河上によって既に主張されていたことに気付くはずである。河上は「学問上の独立」「欧米の学説を輸入するをのみ能事とするの陋を根本的に打破する」ことを訴えたが、「西洋経済学」に対抗する独自の「日本経済学」の構築が叫ばれるようになると、河上の主張は「日本経済学」の源流とみなされるようになった[15]。奢侈を廃止して必要な生産を行なうという河上の主張は戦時下の「贅沢は敵だ」というスローガンに直接対応するものであり、河上が第一次大戦のドイツなどを参考にして主張した「組織の改造」は国家総動員法に基づく統制強化や経済新体制として実現する。そして河上が総力戦に期待した「精神の改造」――「利己主義」から「利他主義」への変化は、「貧乏物語」連載から二四年後に総力戦に対応して展開された経済新体制運動のなかで唱えられた「利潤本位」から「生産本位」への変化として大々的に主張されるようになる。

河上本人が日本から貧困をなくすことを心から願っていたことは間違いない。ただ河上が第一次大戦を参考にしたことにより、そこで説かれた主張（奢侈の廃止による必要な生産の増加、利己主義の克服）はやがて、日本が「世界一の富国」と対決することになった第二次大戦という新たな総力戦のなかで、河上の影響を受けた多くの経済学者によって形を変えて主張されることになる。河上は「戦時下の経済学者」の先駆けであった。

1 宇野弘蔵『資本論五十年』上巻、法政大学出版局、一九七〇年、一八七‐一八八ページ。
2 同右、二一二‐二一五ページ。
3 たとえば Withers, H., *The Business of Finance*, London, John Murray, 1918（鴻原義勝訳『実践金融講話』白揚社、一九二五年）では、資金を有する人間がヨットの購入等の享楽に資金を使う場合には社会に事業を起こすために必要な資金が存在しなくなり、工場や鉄道の建設あるいは未墾の地の開拓等ができなくなるとされている。ウィザーズは同時に、社会の資本量を維持していくための国家の役割を重視している。

4 伊東光晴『ケインズ——〝新しい経済学〟の誕生』岩波新書、一九六二年、三〇‐三一ページ。

5 河上は『貧乏物語』においてセリグマンの *An Economic Interpretation of the War*, 1915 に基づいて第一次大戦の原因を資本輸出競争に求めている。こうした分析自体はホブソンが『帝国主義論』（一九〇二年）で行なっていたものである。

6 河上の『貧乏物語』を一種の「開発経済学」として解釈する拙稿「『貧乏物語』再考——「ナショナリスト・河上肇」からの解釈」『思想』第一〇一三号、二〇〇八年も参照。

7 「改版社会問題管見序」一九二〇年、『全集』第一〇巻所収。

8 大内兵衛・大島清編『河上肇より櫛田民蔵への手紙』法政大学出版局、一九七四年、五九ページ。

9 杉原四郎「『貧乏物語』の想源」『立命館経済学』第四四巻第三号、一九九五年、『杉原四郎著作集』第三巻所収。

10 京都大学経済学部河上肇文庫蔵。

11 河上のロイド・ジョージに対する言及は内ヶ崎作三郎『ロイド・ヂョールヂ』（前川文栄閣、一九一三年）を参考にしている（宮本盛太郎「日本人のロイド・ジョージ論」『UP』第一六五号、一九八六年）。

12 高橋直樹『政治学と歴史解釈——ロイド・ジョージの政治的リーダーシップ』東京大学出版会、一九八五年。

13 河上は保護貿易論者として農業と貿易の問題に関心を抱いており、そこからイギリス経済に注目している。河上は『貧乏物語』ではロイド・ジョージを賞賛しているが、それ以前に高く評価していたのはロイド・ジョージとは貿易政策で対立していたジョセフ・チェンバレンだった。河上はイギリスにおける保護貿易的立場からの関税改革と帝国特恵の完全な制度化の主張とそれを巡る保護貿易派・自由貿易派の対立に注目している。河上は自由貿易主義を空想的であるとする立場からチェンバレンの保護貿易主義について「我輩は窃《ひそか》に彼が為めに彼れの雄図の何時かは空しからざるべきを祈るとともに、英国々民が空しく学理的空想の為めに過まらるゝ事久しからざらんを希ふ」と強く支持し、日本においては自由貿易主義信奉者が多いと嘆いている(「英国最近の経済政策」一九〇六年、『全集』第三巻)。河上はチェンバレンのほかにもバルフォア、ウィリアム・カニンガムら保護貿易側の論者を多く紹介している(「豊年」「評論実業界の学派」一九〇六年、いずれも『全集』第三巻など)。

14 大内兵衛「解題」(『貧乏物語』岩波文庫、改版一九六五年所収)一八三ページ。

15 河上の有力な弟子で「天皇中心の国民共同体」の建設を主張し、河上が最晩年まで親しくしていた石川興二は一九三九年に、戸田海市、河上肇、作田荘一、田島錦治、本庄栄治郎ら京都帝国大学の経済学者を「日本経済学」の先駆者として評価している(石川興二「日本経済学の根本原理」『経済論叢』第四九巻第一号、一九三九年)。

第二章　陸海軍と経済学者

国防に利用される経済

河上肇が第一次大戦に衝撃を受けたように、日本の陸軍にとっても第一次大戦はこれまでとは全く異なる戦争として受け止められた。従来は経済発展の先導役として軍備が位置づけられ、それが軍拡を正当化する理由にも使われたが、逆に軍備の維持・増大のためにこそ産業・経済が不可欠であるとする認識が生まれた。文字どおり国家のすべてを戦争に投入する総力戦では膨大な軍需や民需が必要になり、それを支える生産力を拡充していくことが至上命題になったのである。[1]

総力戦に備えて国家の生産力を拡充していくためには経済の効率化が必要であり、そのためには陸海軍においても経済のわかる人材が求められるようになった。大正後期から陸軍は東京帝国大学に将校を派遣して、原則として三年間学ばせる派遣学生制度を設け、法学部のほか経済学部でも多くの将校が学んでおり、[2] 彼らは総力戦準備を基底にした軍部の業務拡大によって要請された「行政的能力を有する軍部官僚」の象徴的存在だった。[3] 特にこのなかでも新庄健吉（大正一四～昭和三年東京帝国大学経済学部派遣学生、以下同じ）、秋永月三（昭和二～五年）、池田純久（昭和四～七年）ら[4]は、新庄と池田は陸軍統制派として、秋永は企画院に出向して革新官僚として国家総動員体制の確立に大きな役割を果たすことになる。

池田は派遣学生だった時期の勉強について次のように述べており、マルクス経済学を一つの手段として学んでいたことがわかる。

私は陸大卒業後、東大経済学部に三年学んだので、当然のことながらマルクス＝エンゲルスも勉強し、『資本論』もよく読んでいたので軍内の進歩派と目され、〝皇道派〟から憎まれていたに相違ない。（中略）軍人の私が〝赤〟を研究したのは、軍を〝赤〟から守るためには、まず敵を知ることから始めねばならないと思ったからであった。そして私はミイラ取りには行ったが、断じてミイラにはならなかったと確信している。〝皇道派〟は、ただ弾圧のみによって〝赤〟を制圧しようとしていた愚に近いやり方であった。思想に対しては、思想をもってしなければできないものだ。[5]

池田は昭和九（一九三四）年に陸軍省新聞班が出版し、陸軍の政治経済への介入であるとして波紋を呼んだ『国防の本義と其強化の提唱』（陸軍パンフレット）の重要項目を執筆した。[6] この内容に対し政党政治家が強く反撥する一方で、当時の無産政党だった社会大衆党は軍部の社会主義的傾向の実現として強く賛成している。

『国防の本義と其強化の提唱』では、第一次大戦の結果として生じた「世界的経済不況並に国際関係の乱脈」は政治、経済的に国家間の対立関係を生じさせ、国際生存競争が白熱しているとしている。経済戦や思想戦は既に平時においても展開されているので、「対外的には国家の全活力を綜合統制するにあらずんば、武力戦は愚か遂に国際競争其物の落伍者たるの外《ほか》なき事態となりつゝある」[7]（傍点原文どおり）。つまり武力以外にも経済や思想を利用して「国防」を行なっていくことが求められているというのが基本的な認識であった。ここで持ち出されるのはやはり第一次大戦でのドイツの例である。

独逸国は何が故に敗北したか。勿論武力戦に於ても最後には敗れて居る。が然し観方によつては武力戦に関する限り、彼は最後迄戦捷者の地位に在つたとも謂へる。五年の久しきに亙り、聯合側をして一歩も国内に入らしめず、自力独往、善戦健闘を続け来つた点は、真に驚嘆に値するものであつたではないか。彼の没落は畢竟列強の経済封鎖に堪へ得ず、国民は栄養不良に陥り、抗争力戦の気力衰へ、加ふるに思想戦による国民の戦意喪失、革命思想の擡頭等となれることに由来し、かくて遂に内部的に自壊作用を起して、急遽和を乞ふの已むなきに至つたのである。[8]

こうしたドイツの失敗を繰り返さないためにも経済や思想面での強化が必要になる。特に「国民の一部のみが経済上の利益特に不労所得を享有し、国民の大部が塗炭の苦しみを嘗め、延《ひい》ては階級的対立を生ずる如き事実」があれば国防上でも問題になるため、「国民が等しく利己的個人主義的経済観念より脱却し、道義に基く全体的経済観念に覚醒し、速に皇国の理想実現に適応する如き、経済機構の樹立に邁進することが望ましい」とされ、特に昭和恐慌以降疲弊していた「農山漁村」の救済が求められている。[9]

このように現在の経済のあり方を批判しながらも、新しい経済機構が備えるべき条件として挙げられているのは次のようなものであり、必ずしも具体的なものではなかった。

1. 建国の理想に基き、道義的経済観念に立脚し、国家の発展と国民全部の慶福を増進するものなること。

2. 国民全部の活動を促進し、勤労に応ずる所得を得しめ、国民大衆の生活安定を齎《もたら》すものなること。

3. 資源開発、産業振興、貿易の促進、国防施設の充備に遺憾なからしむる如く、金融の諸制度並に産業の運営を改善すること。

4．国家の要求に反せざる限り、個人の創意と企業欲とを満足せしめ、益〻勤労心を振興せしむること。

5．公租公課を真に公正ならしむる如く税制の整理。[10]

「経済戦略に就ては専門家に譲ること〻し茲に詳述を避ける」[11]といった表現が見られるように、『国防の本義と其強化の提唱』は陸軍、特に統制派の目指す「国防国家」のヴィジョンを示したものであり、具体的な政策提言ではなかった。陸軍は、ヴィジョンに沿った実際の政策については企画院のほか陸軍外の多くの専門家を動員して研究を進めており、[12]『国防の本義と其強化の提唱』を実質的に執筆した池田は代表的な国策研究機関である東亜研究所の設立（昭和一三〔一九三八〕年）に大きな役割を果たしている。[13]そして経済政策についても専門家である経済学者を動員して研究を行なっており、その戦時下における代表例が秋丸機関[14]である。

陸軍秋丸機関（陸軍省戦争経済研究班）の結成

陸軍の秋丸次朗主計中佐は東京帝国大学経済学部への聴講生としての派遣（昭和七～一〇年）後、関東軍第四課において満洲国における経済建設の内面指導を行ない、岸信介ら内地から派遣され後に日本に戻り「革新官僚」として活躍する官僚たちや、満鉄経済調査会（後の満鉄調査部）とも親しい関係にあった。昭和一四（一九三九）年九月に関東軍から陸軍省経理局課員兼軍務局課員に転任を命じられた秋丸は着任後、軍務局軍事課長だった岩畔豪雄《いわくろひでお》大佐から次のような内命を受けたという。

わが陸軍は、先のノモンハンの敗戦に鑑み、対ソ作戦準備に全力を傾けつつあるが、世界の情勢は対ソだけでなく、既に欧州では、英・仏の対独戦争が勃発している。ドイツと近い関係にあるわが国は、一歩を過まれば英米を向うに廻して大戦に突入する危惧が大である。大戦となれば、国家総力戦となることは必至である。しかるに、わが国の総力戦準備の現状は、第一次世界大戦を経験した列強のそれに比し寒心に堪えない。企画院ができ、国家総動員法は施行されたが、総力戦準備の態勢は未だ低調である。そこで陸軍としては、独自の立場で、秘密戦の防諜《ママ》、諜《ママ》報活動をはじめ、思想戦、政略戦の方策を進めている。しかし、肝心の経済戦に就いて何の施策もない。貴公がこのたび本省に呼ばれたのも、実は経理局を中心として経済戦の調査研究に着手したいからである。既に活動している軍医部の石井細菌部隊に匹敵する経済謀略機関を創設して欲しいのである。[15]

この岩畔の発言からは、陸軍が「経済戦の調査研究」を真剣に考えるに至った直接の契機は昭和一四年五～九月（九月一五日停戦協定締結）のノモンハン事件での敗戦だったこと、昭和一四年秋の段階で英米との戦争を可能性として考えていたこと、第一次大戦を経験した欧米各国に比べ日本の国家総力戦への対応が不十分であると考えられていたこと、当初の意図は「石井細菌部隊」（人体実験を行なったとされる関東軍第七三一部隊）に匹敵する「経済謀略機関」を作ることだったことなどがわかる。岩畔は各種の謀略・情報収集を実施するための人員を育てる陸軍中野学校の創設に深く関与するなど、戦争における謀略・情報の重要性を強く認識していた。

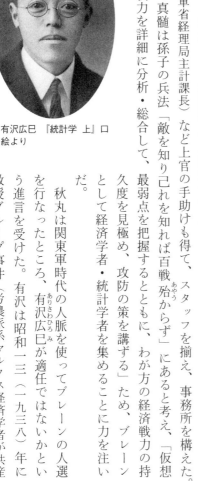

　秋丸は苦心しながらも、高級課員の遠藤武勝中佐（昭和四〜七年東京帝国大学経済学部派遣学生、終戦時陸軍省経理局主計課長）など上官の手助けも得て、スタッフを揃え、事務所を構えた。また経済戦の真髄は孫子の兵法「敵を知り己れを知れば百戦殆《あやう》からず」にあると考え、「仮想敵国の経済戦力を詳細に分析・総合して、最弱点を把握するとともに、わが方の経済戦力の持久度を見極め、攻防の策を講ずる」ため、ブレーンとして経済学者・統計学者を集めることに力を注いだ。

有沢広巳　『統計学　上』口絵より

　秋丸は関東軍時代の人脈を使ってブレーンの人選を行なったところ、有沢広巳《ありさわひろみ》が適任ではないかという進言を受けた。有沢は昭和一三（一九三八）年に教授グループ事件（労農派系マルクス経済学者が共産主義運動に関与したとして検挙された事件）で検挙され（ほかに検挙されたのは大内兵衛・脇村義太郎《わきむらよしたろう》・美濃部亮吉《みのべりょうきち》・高橋正雄《たかはしまさお》・宇野弘蔵など）、その後昭和一四年に保釈されたものの東京帝国大学経済学部を休職中だった。秋丸は東京帝国大学経済学部派遣学生だった時期に、有沢の演習に参加していた一年先輩の阿部英明中佐（昭和六〜九年東京帝国大学経済学部派遣学生、のち企画院調査官）の勧めで同演習に参加申し込みをしたが選に漏れ、有沢の統計学の講義を聴いていた。

秋丸は早速平服で有沢と虎ノ門の満鉄支社で対面し、「この調査は、軍が世界情勢を判断する基礎資料とするもので、科学的客観的な調査結果が必要なので、学者達の参加を求め、その自由な調査研究に俟つことになりました。是非とも先生のご協力をお願いします」と要請した。すると有沢は「私はいま思想問題で係争中の身分である。しかし、マルクス経済学については、私は経済分析の科学的手段ぐらいに考えているので、いわば生産に対する産業技師と同様である。だが、今起訴保釈中の身分である。それをご承知の上なら、ひとつやりましょう」と答えた。

有沢が念のため遠藤と岩畔にも会ったところ、両者は科学的客観的調査の必要性を力説し、有沢が治安維持法違反容疑で起訴され保釈の身分にあることを承知のうえで協力を求めたため、有沢は参加を承諾した。

有沢がかなり人選に関与する形で研究者が集められた結果、英米班に有沢、独伊班に武村忠《たけむらただ》雄《お》（慶應義塾大学）、ソ連班に宮川実《みやかわみのる》（立教大学）、日本班に中山伊知郎《なかやまいちろう》（東京商科大学）を主査として委嘱し、南方班も加えて主査を中心として研究グループを結成した。一般均衡理論の普及に大きく貢献した中山（第四章、第五章参照）や、河上肇門下で『資本論』の翻訳も行なっていたマルクス経済学者の宮川が参加するなど、経済学の学派や政治的立場の違いを越えて多くの経済学者が集められた。さらに世界政情の調査のために政治班として蠟山政道《ろうやままさみち》、木下半治《きのしたはんじ》を起用し、そのほかに個別調査のため「各省の少壮官僚、満鉄調査部の精鋭分子をはじめ、各界にわたるトップレベルの知能を集大成」し、秋丸機関（正式名は陸軍省戦争経済研究班）が結成された。

秋丸機関にはほかにも多くの人物が関係していたようであり、海軍省が作成した秋丸機関に関する資料[16]には武村・宮川・中山のほか大川一司《おおかわかずし》（当時宇都宮高等農林学校、戦後一橋大学教授）、塩野谷九十九《しおのやつくも》（当時横浜商業専門学校、戦後名古屋大学教授）らの名前も見える。第一次大戦における各国の経済統制法令の収集には京都帝国大学法学部の法学者が協力しており[17]、関東以外の経済学者・法学者も多く関係していたことが窺える。

このように研究班の体制が整ったところに経済新体制運動（第三章参照）が起きたこともあり、政財界からは陸軍が経済を掌握しようとしているのではないかという疑念を持たれた。そのため、対外的な名称を陸軍省主計課別班としたり（現在残されている資料は「陸軍省主計課別班」名義のものがほとんどであるが、正式名称は「陸軍省戦争経済研究班」のままだった）、有沢が治安維持法違反容疑で起訴保釈中であったことが検察や右翼によって問題になり、東條英機陸軍大臣からも注意を受けたり、有沢を表向き解嘱して影の協力者として研究を続けさせたりするなどの苦労があった。ただ研究グループに対する待遇はよかったようであり、有沢は月給五〇〇円という当時としてはかなりの大金を貰っていた。

有沢広巳の総力戦観

有沢広巳の産業動員計画に関する研究は早い時期から陸軍や官僚から注目されており、有沢は教授グループ事件で検挙される以前の昭和一一（一九三六）年から陸軍に協力していたほか、昭和一二年には政府の臨時物価対策委員会委員にも選ばれていた。そのため秋丸機関への参加についても有沢は特別なこととは考えていなかったとみられる。

有沢は第一次大戦における総力戦の経験に詳しく、特に第一次大戦後にドイツに留学していたこともありドイツの例を多く挙げている。有沢によれば、第一次大戦でドイツが経済封鎖下で総力を挙げて戦ったことは二つの教訓を生み出した。

世界大戦においてドイツに対して経済封鎖を行つたことは、二つの方面において社会的実験の結果を提供することとなつた。ひとつは、近代の戦争が帰着するところ交戦国間の国民経済力の闘争となつてきた現代においては、経済封鎖が戦争を勝局に導く有力なる手段たることの認識であり、その二は、併しながら経済封鎖に対抗してなほ戦争を遂行しうべき経済体制の編成が存しうることが明にされたことである。ドイツの戦時経済体制が、ますます厳重となれる経済封鎖の下にあつて、なほよく四ヶ年の戦争経済を支へえたこと、併しそれにも拘はらず結局において消耗しつくしたドイツが遂に戦争経済の崩壊によつて敗局に終つたことからして、人々は経済封鎖の偉力を学んだのであつた。[18]

有沢は市民の消費の制限と「軍需品生産における原料の節約と代用原料の充用」、そして「家庭用品の金属、屋根に葺かれた金属、銅像や寺の鐘、いな、電気設備や自動車や機械や建物や鉄道に使つてあつた金属」を動員することなどにより「封鎖された戦争経済においても、不足資源をもつて戦争需要を賄つてゆく方策がある」ことを指摘し、「経済封鎖に抵抗したドイツの戦時経済体制の成功は認められなければならぬ」と評価する。[19] しかし同時にその「成功」は長続きするものではないことも指摘している。原料を国内で獲得するために行なわれた徴発や金属動員は多くの資金や人力を必要とし、代用原料は産業の効率を低下させその分労力が必要になる。つまり「経済封鎖、原料の欠乏に抵抗するために支払はれなければならなかつた負担は、社会行程のどこかに形を変へて累積する」。国民への労力負担が増していき、一方で「食物の欠乏」が起きるならば戦時経済は最終的には崩壊せざるを得ない。「恐るべきは、封鎖による外部からの圧迫そのものではない。むしろ外部の圧迫が内部の解体的要因を促進する過程でなければならぬ[20]」。

このように、有沢は戦争による経済封鎖下においても戦争経済を運営することは、民需を削減することによって短期であれば可能であるという見方をしていた。当時有沢は座談会で一緒になった評論家の馬場恒吾《ばばつねご》や長谷川如是閑《はせがわにょぜかん》などから「膨張する国防費もこれ以上はダメだという限界を経済的に確定するのが経済学者の任務だ」と何度も言われたが、「経済はある程度弾力性をもっているのだから、たとえば国民生活を一〇パーセントも切りつめれば、十五億円ぐらいの軍事費はすぐひねりだせるので、そんな限界は引けない、国民が引下げられた生活程度にたえうるかどうかが問題だから、やはり政治の問題だ、今こそ政治家がしっかりせねばダメだ」と答えていた[21]。

経済封鎖下で消耗戦となる近代の戦争は資源の量の確保が勝敗を左右し、民需の削減は資源の確保の一環として考えられなければならない。有沢は著書のなかで、第一次大戦中にフランスのクレマンソー首相が述べた「血と同様に貴きガソリン[22]」という言葉を引用して近代の総力戦における資源、特に石炭、鉄（鉄鋼）、石油の重要性を強調した。第一次大戦では消耗戦のなかで「大戦における一日平均の鉄石炭の消費は、普仏戦争の六ケ月間の全戦争よりも尚多[23]」く、「洵《まこと》に戦争は血とそして鉄石炭とをもつての戦ひであつた[24]」。有沢はドイツが「鉄石炭」の生産に工業の全力を挙げ、それがドイツの戦時経済を支えたことに注目している[25]。そして「近代戦争が必然的に兵器戦たらねばならぬとすれば、それは畢竟するに工業力と工業力との対抗であり、鉄石炭の意義はこゝに統一され、その重要性は倍加されてくると考へられる。なぜなら、今日の工業力の物質的基柢はなほ鉄と石炭とにあるからである」[26]と、将来においても鉄と石炭が戦時経済において重要な意義を持つことを予測している。このような有沢の鉄と石炭の重視はマルクス経済学の再生産表式（経済を生産財生産部門と消費財生産部門とに分け、経済の拡大再生産のために生産財生産部門を先に拡大する必要がある）のアイデアが反映されている。

つまり有沢の戦時経済に関する考えは、戦争による経済封鎖下においても民需を削減し、軍需品生産の基礎となる部門（石炭、鉄鋼）の生産に全力を挙げることにより総力戦を戦うことは、長期に及べば国民生活の圧迫により経済の内部からの崩壊は免れないが、短期的には可能であるとするものだった。こうした有沢の総力戦観は、後述する秋丸機関の研究にもある程度影響を与えているものと考えられる。

秋丸機関が研究した経済抗戦力

秋丸機関による研究が本格的に開始されたのは、農業経済学者の近藤康男旧蔵の陸軍省主計課別班「班報」から判断して昭和一五（一九四〇）年夏であり、同年一一月三〇日には基礎調査を終えて、それを基に主要国の経済抗戦力調査の研究報告を行なうことが予定されていたとみられる。「班報」では「常に客観的の実態を把握するに努め主観的の観察に陥らざる」ようにするため、「論拠を努めて計数に求め簡明直裁《ママ》に推論する」こと、つまり統計など確実な根拠を踏まえて客観的な判断を行ない簡潔に推論することが求められており、また「研究の重点を常に戦時体制下に於ける各国民経済の脆弱点の究明に置く」ことが要請されていた。

秋丸機関（陸軍省主計課別班）が発行した昭和一五（一九四〇）年一二月一日付けの『資料年報』を見ると、国内外の多岐にわたる図書・雑誌・統計類を収集していたことがわかる。経済関係の英語の文献だけを見てもハイエクの『集産主義経済計画論』（*Collectivist Economic Planning*）や『貨幣ナショナリズムと国際的安定』（*Monetary Nationalism and International Stability*）、ロビンズの『戦争の経済的原因』（*The Economic Causes of War*）、ケインズの『戦費調達論』（*How to Pay for the War*）などの書名が見られ、また仮想敵国であるアメリカの統計に関してはアメリカ政府の国勢調査局（U.S. Bureau of the Census）発行の統計資料がかなり収集されていた。さらに『資料年報』には昭和一五年五月から一二月までに秋丸機関が発行した翻訳・報告書の一覧が記載されており、ヨーロッパにおける第二次大戦の推移に関する資料の翻訳や各国の経済事情研究などを行なっていたことが読み取れる。

中山伊知郎によれば秋丸機関では日本の国民所得統計のモデルを求めるためにドイツのワーゲマン（ベルリン景気研究所所長）の研究、ソ連のゴスプラン（国家計画委員会、ソ連の計画経済を指導）、「レオンティエフのアメリカ経済の分析」（産業連関分析）を利用して国民所得の循環をつかもうとしていたという。有沢も「秋丸さんがアメリカのインプット・アウトプットのレオンチェフの報告書をアメリカから取り寄せてくれたんだ。あれが非常に参考になった」と述べている。

ただ、有沢とともに教授グループ事件で検挙され、晩年に秋丸機関の研究に力を注いでいた脇村義太郎が安井琢磨《やすいたくま》（日本で最初期にレオンチェフの産業連関分析研究を紹介していた）にも確認して疑問を呈しているように、レオンチェフによる産業連関表を用いたアメリカ経済の詳細な分析『アメリカ経済の構造（*The Structure of American Economy, 1919-1929*）』が出版されたのは一九四一年であり、これを利用して昭和一五年から一六年にかけて日本またはその他の国の経済分析ができたとは考えにくい。有沢は「アメリカ経済の分析」について「リプリントで利用できた」と述べていることから、実際に利用されたのはレオンチェフの『アメリカ経済の構造』ではなく、一九三九年にアメリカ政府の国家資源委員会（National Resources Committee）がガーディナー・ミーンズ（アドルフ・バーリとともに企業の「所有と経営の分離」の概念を指摘したことで知られる）の指導下でまとめた『アメリカ経済の構造（*The Structure of the American Economy, Part 1. Basic Characteristics*）』だったとみられる。同書ではアメリカ経済の詳細な分析が行なわれており、レオンチェフの資料提供により一九二九年のアメリカ経済の産業連関表とその解説が掲載されている。[27] 同書は「詳細な数字的材料を基礎とし、新しい経済学的角度を以てアメリカ経済の組織と運行状態とを全体的に把握しやうとしたもの」として、「我国でも夙《つと》に問題とな」っており、[28] 昭和一八年には研究社からリプリントされている。

中山伊知郎が政府系の人文社会科学研究組織である調査研究動員本部で昭和二〇年八月に執

筆した「総第五委員会第一部会報告書」[29]では、中山は国民所得推計の先行研究として「ガーチナーミーンズによる「ストラクチュア」」に何度も言及している一方、レオンチェフについては「「ストラクチュア」」に対して或意味の先駆的研究たるレオンチエフ」としか評価しておらず、参考文献にもアメリカ国家資源委員会の『アメリカ経済の構造』のみを挙げている。

戦時中の他の政府系の研究機関においても産業連関表の研究は理論レベルに留まっており、有沢の言う「アメリカのインプット・アウトプットのレオンチェフの報告書」とはアメリカ国家資源委員会の『アメリカ経済の構造』であり、しかも産業連関表を使って分析したわけではなく、そこに記載された数字や経済循環の考え方を参考にした程度だったとみられる。一方、ドイツなどの分析を行なった武村忠雄は各国の生産力及び物資ストックと消費量とを比較するシンプルな手法でかなり正確な予測を行なっていた。秋丸機関全体では研究方法は統一されていなかった。

秋丸機関の結論である報告書は、有沢広巳の没後に旧蔵資料中から見つかった『英米合作経済抗戦力調査（其一）』を除き長らく所在不明だったが、最近になってインターネット上のデータベースの充実もあり、報告書『経済戦争の本義』[30]『英米合作経済抗戦力調査（其二）』『独逸経済抗戦力調査』の現物が相次いで見つかった。また結論に至るまでの基礎資料として秋丸機関が刊行した報告書や海外文献の翻訳に関しては各地の大学図書館などに比較的多くが残存しており、現在では CiNii Books、国立国会図書館サーチ、国立公文書館アジア歴史資料センターなどで「陸軍省主計課別班」名義で検索することができる。

現在残されている秋丸機関の作成した資料を見ると、各国の国民所得についてはコーリン・クラークなど海外の経済学者の推計を用いたと考えられる。そして日本経済の脆弱性や仮想敵国であるはずの英米への高度な経済的依存は、産業連関表を使うまでもなく適切に指摘されていた。昭和一五年七月に出された英文の書籍の翻訳は日本軍の弱点を正確に指摘したものであり、「まえがき」では以下のような解説がつけられている。


［本書は］殊に［大日本］帝国の国防力に言及してはその人的要素・海軍力並に戦略地理上の優越性にも拘《かかわ》らず国内に於ける資材的技術的基礎の脆弱性を衝き近代的即決戦に不可欠の要件たる機械化装備の貧困を鋭く指摘し、逆に独逸、ソ聯等のそれを正当に評価するとともに「日本軍の伝統的無敵の信念が独逸の電撃的戦争原理を直ちに採用することは一の幻想に過ぎない」と大胆にも述べてゐる。更に太平洋に於ける米国海戦には必然的に英・ソ・仏を含む列強の対日共同戦の可能を強調する。その論構の是非はしばらく措き今日我国内外の超非常時的事態に鑑み他山の石たらんことを期し敢えて本書を訳出参考に供する所以である。

　なほ、本書内容の一般に与へる影響を顧慮し印刷するに際しては部数を制限し取扱上特に秘としたる点を諒せられたい。[31]

また昭和一五年九月に出された報告書では貿易統計により日本経済が英米に強く依存していることが指摘されている。昭和一四（一九三九）年の段階で日本からの輸出は「満支円ブロック」向けが四九％弱であり従来に比べて英米向けの比率は低下しているが、同年の輸入では「満支円ブロック」からは二三％強に過ぎず、七七％弱は第三国からであった。そして第三国からの輸入のうち「実ニ八一％強ガ英米依存デアリ而モ米ブロックヨリノ輸入ガ五二％強ヲ占メテ」いた。[32]昭和一四年と昭和一二（一九三七）年とを比較すると、全体的に見れば「円ブロック」との貿易の割合は増加しているが、ヨーロッパにおける第二次大戦の勃発によりイギリス経済圏（英帝国）からの輸入が減少した一方でアメリカからの輸入の割合は逆に高まり、「我国ノ対米依存ノ高度化ヲ物語ツテキル」[33]。

昭和一六年七月に生島広治郎《いくしまこうじろう》（神戸商業大学）に委嘱して執筆された秋丸機関の報告書では、日米貿易構造はもともと「生糸ト綿花トノ交換」が基本であったが、日中戦争以後「各種軍需資材及ビ生産力拡充資材」をアメリカから大量に輸入するようになった結果、輸出品目は従来とあまり変わらない（生糸や蟹・鯖の缶詰など）一方で輸入額は急速に増え、輸入品目にも大きな変化が見られた。昭和一四年には対米輸入額の第一位は鉄鋼（二三％）、第二位は石油（一七％）、第三位に綿花（一四％）、第四位は機械とその部品（一四％）であり、「対米輸入品ハ事変以来軍需品ガ其ノ主要部分ヲ占ムルコト」になった。[34]

日本は昭和一二（一九三七）年の日中戦争勃発後、英米が蔣介石の国民党政権を支援していることを非難し、英米からの支援ルート（援蔣ルート）を断ち切るために北部仏印進駐などを進め、それがさらに英米との関係を悪化させるという悪循環を引き起こした。しかし皮肉なことに、日本が日中戦争を戦うことができたのも結局は英米から大量の軍需物資を輸入できたからであった。にもかかわらず日本は多くの軍需物資を依存する英米との戦争を考慮するようになっていたが、英米を仮想敵国とする研究で参考とされたのもアメリカで開発された産業連関分析であった。

よく知られていた日本経済の脆弱性

日本経済が英米に対抗できる経済力を有しておらず、むしろ英米に依存しており、英米との対立は日本に非常な困難をもたらすという事実は、――さすがに公刊資料では「敗北する」という表現は使えなかったが――秋丸機関の研究を待つまでもなくよく知られていた。前述の生島広治郎ら秋丸機関参加者はその研究成果を雑誌論文や書籍で公表しており、同様の分析は他の研究者によっても指摘されていた。

当時大阪商科大学助教授だった名和《なわ》統一《とういち》の昭和一二年の著書『日本紡績業と原棉問題研究』、特にそのなかの補説「日本に於ける原料問題と外国貿易――日本経済国際依存性の分析」は日本経済の脆弱性を詳しく分析したものであった。名和は京都帝国大学経済学部で河上肇に学び、日本学術振興会からの援助で大阪商科大学学長の河田嗣郎《かわたしろう》のもとで綿花の研究を行ない[35]、それが綿花を輸入し綿製品を輸出する日本経済全体の分析に発展した。

「日本に於ける原料問題と外国貿易」において名和は、日本は鋼材の生産量は大幅に増加しつつあるものの、鋼材生産に必要な屑鉄や銑鉄の生産は多くを輸入に頼っており、一九三五年の日本の銑鉄生産量は満洲を合わせても一九二九年のルクセンブルクのそれよりも少なく、人口一人当たり生産量はアメリカが七〇〇ポンドであるのに対して日本はわずかに三〇ポンドしかないことを指摘している。[36] 同様の事実は有沢も「鉄鋼業の如きキイ産業が上層部における隆盛の外観を呈しながら、その基礎に至るほど脆弱性を露呈する事実は、わが国工業の後進性を端的に表現する一指標たるにほかならないのである」[37] と指摘していた。

名和統一『現代世界経済と国際経済理論』口絵より

名和は鉄鉱石や石油、銅、亜鉛、錫など主要な燃料や工業原材料が満洲を合わせてもほとんど国内需要を満たせない事実をとりあげたうえで、日本経済の再生産過程と外国貿易との関係を分析している。国民の約半数が農民で国内資源に乏しい日本では農家は家計を補充するために副業を行ない、また農家の子女が家計を助けるために工場で低賃金労働で働いており、それによって生産される生糸や雑貨（電球、ゴム靴、石鹼、ボタン、陶器など）が輸出されている。

そしてこうした産業構造により熟練男子労働者の成長・供給が阻止されていることが鉄鋼業や造船業などにとっては労働生産性を低くする結果にもなっている。それゆえ日本の重工業は未だに「輸入産業」の域を脱していない。[38]

こうした日本経済観は基本的には講座派マルクス主義のそれを踏襲しているが、ここから名和は日本経済の「三つの重要環節＝基本貿易関係」を指摘している。「第一環節」は日本―アメリカ間の貿易である。日本は生糸の大半をアメリカ向けに輸出する（昭和九〔一九三四〕年の対米輸出の六〇・一％が生糸）一方、紡績業のために綿花をアメリカから輸入する（昭和九年の対米輸入の五二％が綿花）。このような「生糸＝綿花交換」からすれば、日本経済にとって生糸の主要購入国であるアメリカとの関係こそが最も重要視されなければならなかった。

合衆国にとつて仮に生糸の輸入を絶つても、それは合衆国経済に大して痛痒《つうよう》を与へるものではない、少数の生糸加工工場が困るだけである。然るに日本にとつて生糸輸出の壊滅は、穀作農耕収入のみを以てしては其生計を維持し能《あた》はず、如何に其利益が些少でも養蚕収入を以て漸く農家経営を再生産してゐる多数の日本農家にとつて致命的である。日本のファシスト達が太平洋を距《へだ》てゝ米帝国主義を如何に憎悪しようとも、思慮ある日本の政治家、実業家達は常に合衆国の景気に注意を怠りはしないのである。日本農業はその重要な支柱をそれに置いてゐるからであり、更に生糸の輸出がなければ棉花の輸入はなされ得ず、棉花の輸入がなければ、綿製品の世界市場輸出は有り得ず、緊迫せる重工業用原料輸入をなし得ないからである。生糸輸出は、日本貿易の従て又日本経済の『アキレスの踵《かかと》』である。[39]

日本は「第一環節」で得た綿花を加工して綿製品を生産し、これを人絹や毛織物と合わせて「英帝国」つまりイギリスの経済圏（オーストラリア、カナダ、海峡植民地、英領マレー、インド）に販売し、そこから鉄鉱石、銑鉄、アルミニウム、鉛、亜鉛、生ゴム、羊毛などの重要な原材料を輸入するのが「第二環節」である。つまり対アメリカ貿易の「第一環節」と対イギリス経済圏貿易の「第二環節」が日本経済にとって不可欠なものであり、アメリカとイギリス経済圏の「何れの一面との抵触も全機構運転を攪乱せしむるに足るが、まして両面との衝突は悲劇的であらねばならぬ[40]」。

このような対英米関係の経済的重要性から考えると、当時の日本が採ろうとしていた「日満ブロック経済乃至日満支ブロック経済」の重要性は小さかった。「第三環節」である日本と満洲、中国との貿易関係をみると、対満洲・関東州・中国・香港合計貿易額は昭和四（一九二九）年以来昭和一一年まで貿易総額の約二割程度でほとんど変化しておらず、対米・対英領貿易と比べて「問題にならぬ程小」であった。満洲国の建設により満洲への輸出は急激に増加したがその分中国本土では激烈な抗日運動と日貨排斥を引き起こし、「満洲に於て得たところのものを支那本土では失つた[41]」。

名和は日本が全中国を支配することができれば豊富な資源と市場を手に入れられ、「日本の積極主義者の描くアウタルキー、大空間経済の大パノラマが展開」するが、「抽象的な見取図の豪華が問題なのではなく、具体的な過程がより切実な問題である」と指摘する。そもそも国内の農村に半封建的生産関係が存在する日本が中国で近代的産業や文化を発展させるためのアジア的停滞・封建的生産関係の解消を行なうことに矛盾があり、それ以上に「対象国民衆側の反抗鎮圧、第三国介入・干渉廃除、障礙突破のための軍事力強化と、他面に於て或程度の資本投下、文化的設備のメーキアップのための少からざる支出増大が要請される」。経済力の小さい日本経済がこのような負担に堪えられる限度が問題となる。名和は以下のように結論づける。

昭和六年九月以降日本の大陸政策の強行は真に刮目に価するものであつた。だがこの数年間の経過を顧みて、それははたして英米からの制約低減にどれだけ成功したと見るべきであらうか？　貿易表は日本が大陸政策強化の準備として、重工業・軍需工業生産力拡充に焦慮すればする程、世界市場への依存、原料輸入は増大すると云ふ循環を示した。こゝに日本経済推進の深憂が存する。[42]

日本が中国大陸への関与を深めれば深めるほど、重工業・軍需工業の生産力拡充の必要性と英米との関係悪化がともに生じてくる。しかし日本経済の基盤が弱く「第一環節」「第二環節」に依存している以上、日本は生産力拡充のためには関係が悪化している英米にますます経済的に依存せざるを得なくなるというジレンマに陥ることになる。特にアメリカへの依存は昭和一二年の日中戦争勃発以降の生産力拡充政策によって一層高まっており、それゆえにアメリカの対日禁輸措置（一九四〇年九月に屑鉄、一九四一年八月に石油）が日本にとって深刻な問題とならざるを得なかった。

こうした日本経済の問題点は経済学者によって昭和天皇にも説明されていた。昭和一五（一九四〇）年一〇月八日に昭和天皇は東京帝国大学に行幸して各学部の研究の説明を受けている。経済学部では荒木光太郎《あらきみつたろう》（第五章参照）が「古銭及び藩札」、橋爪明男《はしづめはるお》が「戦時経済に関する研究」を説明しており、特に橋爪の天皇への説明は興味深いものである。橋爪は東京帝国大学経済学部における派閥争いでは有沢広巳らと対立する「革新派」に属していた（第四章参照）。橋爪は「軍事費の増加によつて国費の膨張が顕著であり、……国債費の増加は我が国の財政経済にとつて大いなる負担となつてゐる」「軍需産業の拡充によつて我国の工業生産は近年著しい増加を示して来たが、昨年秋頃よりこの傾向が鈍化し始めた」「物資は未だ海外国、殊にアメリカ合衆国に依存するもの多く、今後は大東亜共栄圏の綜合的開発によつて自給化に邁進せねばならぬ」「生計費の昂騰を考慮すれば、農民及び小額所得者を除いて国民の実質収入は却つて低下の傾向にある」「労働力不足は未だ深刻」と、日本経済の置かれた厳しい現状を率直に天皇に説明しており、その内容は新聞上で公表されていた。[43]

日本が英米と戦えば最終的に敗北は必至であることは、経済統計を丹念に読み取ることで、産業連関分析のような当時としては高度な経済理論を利用した分析を行なうまでもなく自明であった。

陸軍は経済学者に何を期待したのか

日本班の研究は順調に進んだようであり、昭和一五（一九四〇）年の終わり、または昭和一六（一九四一）年の初めに東京・九段の偕行社（陸軍将校の集会所）で、秋丸機関の報告会が行なわれた。中山らは、日本は日中戦争の二倍の規模の戦争ができるかという問題について「人力や物的生産力や輸送力やの諸点から、二倍の戦争は不可能だという結論」を説明した。陸軍側から特に批判はなかったようだが、その後の会食で陸軍側の一人は「戦さは四分六で四分の見込みがあれば、やるものだよ」と述べ、中山は「危ない」と感じたという。

秋丸機関日本班の研究内容は「報告書」という形ではまとめられなかったと推定され、そのため具体的にどのような内容だったのかを資料から直接知ることは現時点ではできない。しかし中山が執筆した前述の調査研究動員本部「総第五委員会第一部会報告書」には、日本班の研究内容を報告後にまとめたものとみられる「陸軍省主計課別班『帝国経済戦力測定の基本図式』昭和十七年（極秘）」という文献が参考文献として記載されており、また「総第五委員会第一部会報告書」では昭和一五年の日本経済の構造分析が行なわれていることから、これが日本班の研究成果を基にした分析と考えられる。その分析によれば、昭和一五年の時点で日本経済は工業の純原材料供給高の四四％を輸入に依存しており、また生産設備の直接の輸入分は額は少ないもののそれが工業生産の基本となる精密機械によって占められており、日本の工業は輸入に大きく依存していた。[44]

したがって日本が対英米開戦すれば日本経済が破綻する可能性が高いが、それは陸軍も常識として知っており、むしろ英米との関係が悪化していくなかで「ではどうすればよいか」ということを知りたがっていた。既に昭和一五年前後には陸軍省整備局を中心に数多くの国力判断が行なわれており、さらに昭和一五年五月から八月にかけて企画院は陸軍からの依頼を受けて、「米英とソ連にたいして宣戦を布告」し南方を占領した場合[45]の経済国力の推移予測（応急物動計画試案[46]）を策定していたが、その結果は鋼材生産額は三分の二に減少し、民需はほとんどの重要物資が五割以下に切り下げられるという悲惨なものだった。この予測の策定に関わり戦後エコノミストとして活躍した稲葉秀三《いなばひでぞう》によれば、極秘のうちに行なわれた陸海軍関係官に対する応急物動計画試案の説明会で、説明が終わると早速陸軍参謀の一人がテーブルを叩いて次のように発言したという。

企画院というところは、こんなだらしのない数字をつくり出して、われわれに押しつけ、シャアシャアとしているつもりなのか。企画院の人たちには、国家が最悪の事態に追いこまれ

ても、キ然としてたたかいぬいていくだけの国力をつくっていくだけの信念も責任もないと自から考えているのか……[47]

稲葉によれば説明会の雰囲気は「事実を事実として人に見せるのなら、どんな阿呆だってできる。企画院という役所は、皇国がまさに直面しようとする超非常時体制のことを考え、これをどう処理していくか――ということをもっとはっきりとわれわれに説明すべきではないか。これでは自分たちはおさまりがつかない」といったものだったという。[48]

つまり陸軍が企画院や秋丸機関、より一般的に言えば経済学者に期待していたのは、「事実を事実として人に見せる」ことではなく、戦争の手段として英米と戦うにはどのような手段があるかを示すこと、「国家が最悪の事態に追いこまれても、キ然としてたたかいぬいていくだけの国力をつくっていく」ことという、「どう処理していくか」の方法を示すことにあった。陸軍は経済学の専門知を無視したというよりも、むしろ日本の経済的弱点を補い、仮想敵国の経済的弱点を衝くための方法を示すことを期待していたのであり、陸軍は経済学者に過剰なまでに期待していたということもできる。

その意味では、秋丸機関の研究は両義的なものであった。「班報」で明確に述べられているようにその研究目的は「各国民経済の脆弱点の究明」にあった。日本や同盟国ドイツの脆弱点を示すことは戦争の無謀さを訴えることになる一方、仮想敵国英米の脆弱点を示すことは陸軍の望むところであり、開戦の意志決定にも使えるものであった。

昭和一六年三月に森田親三陸軍省主計課長の例言を付して刊行された秋丸機関の中間報告書『経済戦争の本義』は、有沢広巳と秋丸次朗が内容を考え有沢が実際に執筆したものと考えられる。その主要な内容は、一国の「潜在的戦争力」、特に経済力の大きさは、その「弱点」、すぐに動員可能な経済力とその動員までにかかる時間、さらに「その国の経済力が戦争力として戦時に如何なる曲線を辿るか」、つまり時間が経つにしたがってどのように変化していくか(経済発展するか消耗するだけになるか)によって決まる。そして敵の経済を攻撃するだけでなく自国の経済を守り育成していくことも必要である、というものであった。こうした考えに基づけば、日本を含む各国の弱点を探し、すぐに動員できる経済力と動員にかかる時間、経済力の開戦後の推移を計算していくことで、その国と戦争する場合、あるいは同盟を組む場合の戦略を立てることができるようになる。これ自体は経済戦争一般の考えをまとめたものであるため、日本が開戦すべきか避戦すべきかという問題とは別に考えなければいけないが、他方で経済的な分析を基にして戦略を立てる際の思考法を提供するという意味で、陸軍にとっても使いようによってはある程度役立つ内容であった。

英米とドイツの経済抗戦力

日本班以外の秋丸機関の研究は大幅に遅れた。これは新体制運動の余波で主要メンバーが唯物論研究会事件や企画院事件により相次いで検挙されてしまったためと考えられる。特に企画院事件は、新体制運動を「アカ」（社会主義運動）の策動とみなし、その関係者の排除を目指す観念右翼の大御所の平沼騏一郎（昭和一五〔一九四〇〕年一二月から第二次近衛文麿内閣内務大臣）の影響で起きたものといわれる。秋丸次朗は満洲国で満鉄経済調査会や革新官僚とともに経済政策立案に取り組んだ経験から思想に関係なく人材を集めたのだろうが、もはや当時の日本ではイデオロギー対立と無関係に研究を行なうことは困難になっていた。

こうした苦労を乗り越え、秋丸次朗は「茨の道を歩きつつも、十六年七月になって一応の基礎調査ができ上ったので、省部〔陸軍省および陸軍参謀本部〕首脳者に対する説明会を開くことになった」と回想している。秋丸によればドイツ・イタリアの抗戦力判断を陸軍主計少尉として招集されていた武村忠雄が担当し、次いで秋丸が「蔭の人」有沢に代わり英米の総合戦力判断を説明したという。『英米合作経済抗戦力調査（其二）』『独逸経済抗戦力調査』表紙には「昭和十六年七月調製」とあり、正式名称の「陸軍省戦争経済研究班」名で出されているので、これらが秋丸のいう「省部首脳者に対する説明会」の報告書といえる（もっとも、説明会自体は秋丸機関単独のものではなく「陸軍省の研究」を複数報告するというものだったとみられる）。

現在残されている報告書『英米合作経済抗戦力調査』（其一、其二）および『独逸経済抗戦力調査』を見る限り、秋丸機関の報告は次のようなものだったと考えられる。イギリス一国では軍需物資の供給不足に陥る場合でもアメリカを合わせれば十分な経済抗戦力があり、しかも第三国に対して多くの軍需資材を供給できることが示されており、イギリスとアメリカを合わせた経済力は非常に大きい。日本の経済力との比較は報告書には書かれていないが秋丸は回想で「対英米戦の場合経済戦力の比は、二〇対一程度と判断する」と説明したという。数字で表されていなくとも、秋丸機関の日本班や同じ陸軍省の戦備課の国力判断、また企画院の応急物動計画試案は既に出されていたため、それを知っていれば（あるいは知っていなくとも）対英米開戦が無謀であることはよく理解できる。

その一方でアメリカの戦争準備はまだ整っておらず、最大の経済力を発揮するまでに開戦後一年から一年半かかり、このアメリカの動員期間の長さが「国防経済力」の一種の「弱点」であると指摘している。さらに英米ともに船舶輸送力が不足しているのでそれも弱点であり、イギリスの船舶を月平均五〇万トン以上撃沈すれば、アメリカの対イギリス援助が無効になる（＝イギリスの経済抗戦力を破壊できる）としている。つまり、イギリスとアメリカを合わせれば巨大な経済力であるが、イギリス一国については数字の上では屈服させる可能性があることになる。

しかしイギリスが屈服するとすればアメリカからの援助物資を載せた船舶が大西洋で大量に撃沈される場合であるが、地理的に考えてそれは日本ではなくドイツとイタリアの攻撃によるしかない。ドイツとイタリアが大西洋においてどれだけ英米の船舶を撃沈できるか、言いかえればドイツとイタリア、特にドイツの経済抗戦力の大きさによってイギリスが降伏するかしないかが決まることになる。したがって、秋丸機関の報告で重要だったのは実はドイツの経済抗戦力の調査であった。

武村忠雄の執筆した『独逸経済抗戦力調査』の内容はドイツの経済抗戦力の限界を冷静に示すものであった。独ソ戦が短期で終わればソ連の資源を使ってドイツの経済抗戦力が強化できるものの、長期に及べばドイツは消耗する一方になり「既に来年度以後低下せんとする傾向あるその抗戦力は一層加速度的に低下し、対英米長期戦遂行が全く不可能となり、世界新秩序建設の希望は失われる」（ドイツは敗北する）と冷静に指摘している。その一方、日本は独ソ開戦による英米ソの包囲を突破するには、資源を獲得するための「南進」が必要だとしている。

結局のところ、秋丸機関の報告全体では「長期戦になればアメリカの経済動員により日本もドイツも勝利の機会は無い」ことが明示されていた一方で、「独ソ戦が短期で終わりドイツの経済力が強化され、日本が南方の資源を確保すれば、少なくともイギリスに勝つことはできるかも知れない」という見方を示していたともいえる。有沢らの本音はもちろん前者であっただろうが、陸軍内部の組織であった秋丸機関の報告自体は何とでも解釈できる玉虫色のものであった。秋丸次朗の上官だった遠藤武勝は、秋丸機関の研究は戦争遂行上の戦術的な問題でのみ利用され、「研究に当った諸学者に於ても、その気配に媚びて、結論としての報告に於て、強く厚いその経済力でも「突き崩し得ないことはあるまい」という意見が加えられた。軍の一つの機関としてのことであったから、そこにある限界があるのは止むを得ないことであったかも知れないが、僕にはちょっと割り切れない気持を持った記憶が今に残っている」と回想で書いている。

有沢広巳は戦後、自分の参加した英米班の研究結果について「英米間の輸送の問題についても、アメリカの造船能力はUボートによる商船の撃沈トン数をはるかに上回るだけの増加が十分可能である……といった内容のものであった」と述べていたが、実際には秋丸機関の報告書は英米間の船舶による輸送が弱点であると強調していた。有沢の戦後の証言は、ある意味では語るに落ちたものといえる。

なお、有沢とともに教授グループ事件で検挙され、長年にわたる東大経済学部の同僚でもあった海運・造船の専門家の脇村義太郎は、最晩年の平成七（一九九五）年の講演で、当時見つかっていた『英米合作経済抗戦力調査（其一）』に記載されている「英米間の船舶輸送量が弱点」であるという内容について分析しており、「非常にポイントを突いている」と評価する一方で、「造船のやり方について第一次大戦と第二次大戦との間に大きな変化があったということを考えない予想だったのです」「有沢さんなども第一次大戦のときの事情を頭に置いて、船はどのぐらい造れるだろうかということを考えている」と、秋丸機関で有沢らが行なった分析は第一次大戦を基に考えており、その後の造船におけるブロック建造方式や電気溶接工法などの技術進歩を考慮していなかったという点で限界があったことを指摘している。実際、『英米合作経済抗戦力調査』の「其一」「其二」を見ても造船の技術面での分析はされていない。統計を用いた分析は過去の延長線上での分析になるため、技術進歩など質的な変化が捉えにくく、当時の一流の統計学者を揃えた秋丸機関の研究もその意味で限界があったといえる。実際のアメリカの年間商船建造量の最大値は秋丸機関の英米合作の想定最大値の二倍以上、第一次大戦時のアメリカの最大造船量の三倍に達した。こうしたアメリカの「桁違い」の造船量について、前述の講演において脇村は「それが結局今度の戦争で日本が負けドイツが負けた最大の原因でしょう」と述べている。秋丸機関の研究は結果としては最も重要な部分が不正確だったということになる。

研究報告はどのように受け止められたか

実は秋丸機関の報告書の内容自体は当時の報道や常識的な知識を数字で裏付けたものであり、同様の情報(イギリスの商船がドイツのUボートに撃沈されイギリスが危機に瀕していることなど)は新聞や雑誌で普通に報道されていた。『独逸経済抗戦力調査』を執筆し陸軍主計少尉として上層部への報告を行なった武村忠雄は一方で慶應義塾大学教授として同時期に論壇で活躍しており、その内容を数字まで含めて当時の総合雑誌に公表していた。武村がその後も終戦まで引き続き現役の陸軍軍人として陸軍省で経済調査に当たる一方で、その調査内容を基にしたと考えられる論説を書いて活躍していることから考えても、秋丸機関の報告内容は外部に公表しても特に問題視されるようなものではなかったのである。

玉虫色だった秋丸機関の報告の中で唯一問題となりそうなものは「日本は南進すべきである」という『独逸経済抗戦力調査』での主張であった。秋丸機関の報告が行なわれたと考えられる昭和一六（一九四一）年七月の時点では、六月の独ソ戦開始に伴って、陸軍内では長年の仮想敵国であるソ連をドイツとともに攻撃することを主張する北進論（参謀本部中心）と、逆に北方のソ連の脅威が薄れるからこそ資源を求めて南方に進出しようとする南進論（陸軍省軍務局中心）とが対立していた（したがって日本の「国策」は当時不明確であった）。秋丸次朗が陸軍省経理局課員兼軍務局課員であり、秋丸機関の創設を進めたのが陸軍省軍務局軍事課長だった岩畔豪雄だったことからもわかるように秋丸機関は陸軍省軍務局と密接な関係にあり、その秋丸機関が北進か南進かが議論されているなかで報告書を出せば、その内容が参加者の本心は別として日本の南進を支持するものになるのは、むしろ自然なことであった。したがって、秋丸機関が「南進」寄りの報告をすれば、「北進」を求める参謀本部からは「軍務局による北進を批判するためのレトリック」として受け止められて批判の対象となった可能性はある。

報告会には参加しなかった有沢広巳は、報告会に参加した杉山元参謀総長が「本報告の調査およびその推論の方法はおおむね完璧で間然するところがない。しかしその結論は国策に反する。したがって、本報告の謄写本は全部ただちにこれを焼却せよ」と言ったと秋丸から聞かされ、報告書はすべて焼却するために回収されたと回想で書いている。しかしそもそも陸軍省と参謀本部とでは指揮系統が異なるので、参謀総長が陸軍大臣の頭越しに陸軍省の研究に焼却命令を出すことはあり得ない。[49]

他の座談会で有沢は、焼却命令を出したのは「梅津参謀総長」と言っているが、梅津美治郎は昭和一六年当時関東軍司令官であり、参謀総長になるのは昭和一九年である。さらに前述のように『英米合作経済抗戦力調査（其一）』は有沢の旧蔵資料中から見つかったが、それだけではなく同時に『アメリカ経済戦力の研究』という、有沢がシンクタンクの国策研究会からの依頼で昭和一九（一九四四）年に執筆したと推定される冊子も見つかっており、その冊子を読むと『英米合作経済抗戦力調査（其一）』が参考文献として挙げられている。したがって有沢自身も昭和一九年時点において、秋丸機関の報告が陸軍から問題視されるような内容ではなく、隠匿する必要もないものだったことは認識していたとみられる。

秋丸次朗は報告会での様子について、「今さらそんな話を聞いても仕方がない、という雰囲気でみんな居眠りしていた」とも証言している。報告の内容が北進を批判し南進を勧めるものであったため参謀本部側からは文句が出たものの、全体的にはごく常識的なものだったのでそれ以外の反応は特になかった、というのが実際のところだったと考えられる。

なお秋丸機関の報告書の内容の一部が、一一月一五日に大本営政府連絡会議で採択された太平洋戦争開戦前の唯一の公式の「戦略」である「対米英蘭蔣戦争終末促進に関する腹案」を作成する際に都合のよい部分だけ「つまみ食い」された可能性がなくはない。しかし、この「腹案」は実際には対英米開戦に対する昭和天皇の下問に奉答するために当時の常識的な内容や願望を並べて作成された官僚的作文であり、国家の戦争指導方針を決めるようなものではなかった。

昭和一六年九月から一〇月にかけて、日本の機密情報がソ連に流れていたことが明らかになったゾルゲ事件によりゾルゲや尾崎秀実《おざきほつみ》ら「国際諜報団」が逮捕されたことで、政府や軍関係の仕事から「左翼関係者」が追放され、治安維持法違反容疑で検挙され保釈中だった有沢も陸軍の秋丸機関を離れることになり、秋丸機関の一部の資料も回収されたとみられる。さらに昭和一七（一九四二）年九月に秋丸次朗の関東軍時代の協力者で秋丸機関結成の際にも大きな役割を果たした人物が満鉄調査部事件で検挙される。満鉄調査部事件自体は関東憲兵隊のフレーム・アップ（でっち上げ）であったが、これにより秋丸ら元関東軍で活躍した軍人が問題視されるようになった。さらに内閣総理大臣直属の総力戦研究所[50]（昭和一六年四月から本格的な研究開始）や世界経済調査会[51]（昭和一六年五月発足）など軍や政府の関わる経済調査機関が充実してきたことで秋丸機関の役割は終わったと判断され、秋丸機関は解散することになったと考えられる。研究機能を総力戦研究所に引き継ぐなど残務整理を終えた秋丸は昭和一七年一二月にフィリピンの第一六師団経理部長に転任し、第一九軍経理部長を経て第六航空軍経理部長として内地で終戦を迎えた。

一方、武村忠雄は引き続き陸軍省経理局に勤務して調査活動を続け、現役の陸軍将校でありながら海軍のブレーンとしても活動していく。

海軍に集った経済学者たち

陸軍が秋丸機関に経済学者を動員したことについては、海軍が早い時期からかなり関心を示していた。海軍省は昭和一五（一九四〇）年六月に、陸軍が「将来戦ヲ顧慮シ過般戦争経済研究班ヲ設立」したという内容やメンバーの詳細な一覧を載せた内部資料を作成している。

脇村義太郎は昭和一二（一九三七）年にヨーロッパとアメリカの製油所を訪ねて戦争準備状況を海軍に報告するなど、早い時期から海軍との関係があったが、昭和一三（一九三八）年の教授グループ事件で有沢らとともに検挙され、昭和一四年に保釈された後、海軍から「陸軍が秋丸機関を作っており、研究しているが、海軍もひとつそういうものを作りたいと思います。ついては誰を使ったらいいでしょうか」という相談を受けたという。脇村は国際政治について矢部貞治《やべていじ》と岡義武《おかよしたけ》を推薦し、経済学者としては大河内一男《おおこうちかずお》を推薦した（矢部と岡は東京帝国大学法学部、大河内は同経済学部）。岡は辞退したが矢部・大河内は海軍のブレーンになった。[52]

海軍のブレーン組織を編成する中心になったのは、当時海軍省で調査課長だった高木惣吉《たかぎそうきち》大佐であり、脇村のところに相談に来たのは高木大佐の部下だった。[53] 高木大佐は陸軍が高島辰彦中佐を中心にして昭和一三年頃から地理学者など民間の学者を集めて行なっていた「国家総力戦」研究に注目し、[54] 昭和一四年頃から海軍大学校研究部で民間人の協力を求めるようになった。特に日独伊三国軍事同盟締結などにより英米との関係が悪化する日本の将来に危機感を覚え、

「国民、とくに有識者の率直な声を聞くとともに、海軍の意志や内情も理解してもらいたい」と考え、また「欲をいえば、これらのブレーン・トラストの助太刀で、劣勢な海軍の政治的影響力を補強してもらいたい希望もあった」ため、豊田貞次郎海軍次官にブレーン組織編成の計画と所要機密費の上申を出し、認められた。[55]

高木は述べていないが脇村の回想を合わせると陸軍の秋丸機関への対抗意識があったと考えられ、これが海軍のブレーンに経済学者が多い理由であると考えられる。昭和一五年六月の資料では海軍省嘱託候補者として矢部・岡・大河内のほか、経済学者では永田清（慶應義塾大学）・笠信太郎《りゅうしんたろう》（東京朝日新聞）の名前が挙がっている。[56] 海軍大学校研究部は、昭和一五（一九四〇）年八月の総力戦研究所発足に伴い「海軍トシテ推薦ヲ適当トスル学者」として、経済学者としては本位田祥男《ほんいでんよしお》（前・東京帝国大学）、大河内、板垣與一（東京商科大学）、武村忠雄を挙げている。本位田については「海軍省調査課ノ協力者」、大河内は「海軍協力者　頭脳優」、板垣は「海軍嘱託　南洋研究ノ「テーマ」ヲ有ス」、武村は「海軍協力者　海大研究部ニ協力シ相当総力戦的研究深シ」と説明されている。[57] 昭和一五年一〇月には永田・板垣・武村・大河内・大熊信行（高岡高等商業学校）による海軍の研究会「国防経済研究会」が発足した。[58]

高木によれば、海軍のブレーン組織（懇親会）の経済学者としてそのほかにも、「政治懇談会」に岸本誠二郎（法政大学）、直接連絡の嘱託として加田哲二（慶應義塾大学）、中山伊知郎、谷口吉彦（京都帝国大学）らがいた。[59] 海軍のブレーン組織にはこれらの経済学者のほか高山岩《こうやま》男ら京都学派の哲学者を含む多くの知識人が参加していた。[60]

また、後の昭和一九(一九四四)年一月にやはり海軍のブレーン組織として「対米研究会」ができた。そこに太平洋戦争勃発後にアメリカから交換船で帰国した都留重人《つるしげと》が参加しており、外務省で受信した短波の外国放送とアメリカの中波の国内放送を傍受したものを分析してアメリカの国内事情を判断していた。[61]なお都留は東條英機内閣総辞職(昭和一九年七月)の直前(六月)に陸軍二等兵として召集されているが、これは都留が高木(当時少将・海軍省教育局長)を中心とする海軍のブレーンの一員であったため、高木が行なっていた東條英機内閣打倒運動に対して東條側が反撃として関係者の懲罰召集を行なったことの一環であったという。[62]

現在残されている海軍省の記録では、経済学者では秋丸機関にも参加した武村の活動が目立つ。武村は昭和一七年八月に海軍の連絡会で英米の経済抗戦力について分析しており、秋丸機関での研究結果を利用して英米の「経済抗戦力のネック」を船舶による輸送と考えていた。アメリカの経済抗戦力は時間が経てば経つほど増大するが、英米の船舶を日本・ドイツ・イタリアが順調に(毎月八〇万トン)撃沈していけば英米の輸送力は「今年末頃」には最低必要量を割り込み、「経済の海外依存率頗る高き英本国はその抗戦意志喪失の公算頗る大」になるとともに、アメリカも援助物資の輸送と稀少金属(マンガン・クロム)の輸入が困難になる。したがって「今年下半期」こそが大戦の山であり、「日本は来年の下半期以後苦境に立つと推定されるが故にこのタイムラッグを極力利用せねばならぬ」としていた。[63]

ただこの武村の報告に対しても、「毎月八〇万噸の撃沈は今後実現困難ではないか」[64]といった疑問が出されていた。昭和一八年四月になると武村もイギリスを危機に陥らせるためには月一〇〇万トンの撃沈が必要であり、そうでなければ「米英船舶ニ余裕ヲ生ジ「バルカン」「イタリー」ニ大規模ナル作戦ヲ可能ニシ独ヲ危険ニ追込ムコトトナル」と認めるようになった。[65]武村は同時に、現在のまま戦局が推移すれば昭和二〇年にはドイツの抗戦力が消滅することを予測している。[66]

海軍のブレーン・トラストは秋丸機関のような統一された研究を行なったわけではないが、それでも逓信省工務局長だった松前重義を中心とする戦時生産研究会が日本の生産力の低下を正確に予測するなどの研究成果が上がっており、[67]海軍のブレーンになった知識人の多くは東條英機内閣の戦争指導に批判的であった。

昭和一九年一月に伏下《ふしした》哲夫主計中佐（昭和六～九年東京帝国大学経済学部派遣学生、大内兵衛ゼミ）がドイツから潜水艦で帰国し海軍省調査課に配属された。秋丸機関を離れた後は東芝の嘱託をしながら矢次一夫の主宰する国策研究会に参加し、また経済評論家の高橋亀吉が進めていた「戦後」研究に協力していた有沢広巳は、伏下から「どうも日本の形勢がよろしくないんだが、先生ひとつどう思うか」と聞かれ、そこから海軍との付き合いが始まったとしている。[68]矢部貞治は昭和一九年一月二六日に後藤隆之助（昭和研究会の元主宰者）事務所で有沢と伏下に会っており、[69]これ以降矢部は伏下と意気投合し、高木らとともに東條英機内閣打倒運動へと進んでいく[70]。有沢は伏下に築地の料亭(海軍省調査課グループが会合場所としていた料亭「増田」と思われる)に連れて行かれ、そこでは海軍のグループが「東条内閣をつぶす案を立てていた[71]」。有沢は反東條運動には深入りしなかったようだが、最終的には高木・伏下・矢部らの反東條運動がサイパン島陥落(昭和一九年七月)を機に一挙に盛り上がることで東條内閣崩壊をもたらし、終戦への一歩を進めることになる。

戦後への遺産

陸軍秋丸機関や海軍のブレーン・トラストは当時の代表的な経済学者を事実上総動員したものであり、これに多くの国策研究機関[71]を加えれば、当時の経済学者の大半は何らかの形で戦争にかかわっていたといえる。国家のあらゆる資源を動員する総力戦というこれまでにない体験のなかで、実際にどれだけ影響を与えたかは別として、経済の専門家の能力が必要と考えられたのである。

そして経済学者も単に学問の世界だけに止まらず、実際の政策に深く関与し、経済政策運営の困難さに直面するなかで理論をどのようにすれば政策に活かしていけるかを学んでいくことになった。

武村忠雄は海軍のブレーンとして活動する一方で、陸軍参謀本部の軍人とともに日本の近代戦遂行能力の分析に取り組んでその限界を的確に予測し、その分析に基づく提言は鈴木貫太郎内閣が終戦に公式に取り組む契機となった。

中山伊知郎は陸海軍のほか多くの政府系研究機関で戦時経済の研究に従事し、「私一個の経験からいっても、もし戦時経済のこの烈しい経験をもたなかったら、統制や計画やについて、おそらくこれだけの興味をもたなかっただろう。それだけでも私の戦時経済研究は酬われたと考えている」[73]と、戦時経済研究が貴重な体験になったという評価をしている。

有沢広巳は、英米や日本の戦力評価をするなかでマルクス経済学の再生産表式を利用したり産業連関表に触れることで、戦後の復興においても「傾斜生産的な考えが出てきた」と述べている。秋丸機関での研究の体験に加え、既に述べたようにもともと第一次大戦時の総力戦研究において鉄と石炭の生産を産業の基礎として重視していたことで、有沢は戦後の日本経済復興に大きな役割を果たした「傾斜生産方式」（産業の基盤となる石炭と鉄鋼の生産に集中的〔傾斜的〕に資源を配分し、それによって経済全体の生産を拡大していこうとした政策）を提唱することになったと考えられる。[74]

秋丸機関の研究それ自体はさまざまな制約により実際の政策に直接影響を及ぼすことはできなかった。しかし秋丸機関の活動は海軍のブレーン組織結成に影響を与え、また参加者のその後の活動を通じて最終的には終戦への道を開くとともに、そこでの経験は戦後の経済復興に活かされることになったのである。

※秋丸機関の研究にあたりお世話になった関係者の方々にこの場をお借りしてお礼申し上げます。

1 黒沢文貴『大戦間期の日本陸軍』みすず書房、二〇〇〇年、七八ページ。
2 日本近代史料研究会編『日本陸海軍の制度・組織・人事』東京大学出版会、一九七一年、三四七ページ。
3 吉田裕「満洲事変下における軍部――「国防国家」構想の形成」『日本史研究』第二三八号、一九八二年、四七ページ。
4 秋永月三に関しては伊藤隆「秋永月三研究覚書」同『昭和期の政治［続］』山川出版社、一九九三年所収、新庄健吉については塩崎弘明「統制派の経済政策思想――新庄健吉の場合」同『国内新体制を求めて――両大戦後にわたる革新運動・思想の軌跡』九州大学出版会、一九九八年所収、斎藤充功『昭和史発掘――開戦通告はなぜ遅れたか』新潮新書、二〇〇四年を参照。
5 池田純久『日本の曲り角』千城出版、一九六八年、六〇 - 六一ページ。
6 池田純久「青年将校と革新思想」『別冊知性・秘められた昭和史』河出書房、一九五六年、一〇九 - 一一一ページ。
7 「国防の本義と其強化の提唱」『現代史資料五　国家主義運動二』みすず書房、一九六四年所収、二六七ページ。
8 同右、二六九ページ。
9 同右、二七七 - 二七八ページ。
10 同右、二八一ページ。
11 同右、二七二ページ。
12 数学者・統計学者の動員については木村洋「第二次世界大戦期に於ける日本人数学者の戦時研究（数学史の研究）」『数理解析研究所講究録』一二五七巻、二〇〇二年を参照。地理学者については柴田陽一『帝国日本と地政学――アジア・太平洋戦争期における地理学者の思想と実践』清文堂、二〇一六年を参照。

13　栢植秀臣『東亜研究所と私――戦中知識人の証言』勁草書房、一九七九年、二四‐二五、三四‐三八ページ。

14　秋丸機関の詳細については拙著『経済学者たちの日米開戦――秋丸機関「幻の報告書」の謎を解く』新潮選書、二〇一八年および拙稿「『英米合作経済抗戦力調査』（陸軍秋丸機関報告書）」『東京大学経済学部資料室年報』第九号、二〇一九年を参照。本章の特に注のない情報は以上の拙著・拙稿に基づいている。

15　秋丸次朗「大東亜戦争秘話　開戦前後の体験記――秋丸機関の顚末を中心に」『えびの』第一三号、一九七九年、一一ページ。

16　「陸軍秋丸機関（戦争経済研究班）ニ関スル件（十五年六月末現在）」大久保達正ほか編・土井章監修『昭和社会経済史料集成』第一〇巻、大東文化大学東洋研究所、一九八五年および脇村義太郎「学者と戦争」『日本学士院紀要』第五二巻第三号、一九九八年所収。

17　一九四〇年八月発行の陸軍省主計課別班『経研資料工作第二号　第一次欧洲戦争ニ於ケル主要交戦国経済統制法令輯録』「例言」では、当時京都帝国大学法学部教授だった石田文次郎の監修のもとで各国の法令の訳出や分類が行なわれたことが記されている。

18　有沢広巳『戦争と経済』日本評論社、一九三七年、一〇六ページ。

19　同右、一一一‐一一三ページ。

20　同右、一一四‐一一五ページ。

21　有沢広巳『学問と思想と人間と』『有澤廣巳の昭和史』編纂委員会、一九八九年、一四〇ページ。

22　有沢『戦争と経済』一六〇ページ。

23　同右、一三二ページ。

24　同右、一三七ページ。

25　同右、一三七‐一四〇ページ。

26 同右、一四二ページ。

27 National Resources Committee, *The Structure of the American Economy, Part 1. Basic Characteristics*, June 1939. "Chapter VI. The Structure of Production–Financial Overlay" ではレオンチェフの資料提供による大分野の産業連関表 "Major money flows in the American economy, 1929 (exclusive of investment flows)" が掲載されており（八四ページ）、"Appendix 17. Quantitative Input and Output Relations in 1929" では詳細な分野別の産業連関表が掲載されている（三六三 - 三六九ページ）。

28 「国家資源完全利用方策（米国『国家資源計画局』編『米国の経済構造』第二部要旨）・三井物産株式会社本店調査部」大久保達正ほか編・土井章監修『昭和社会経済史料集成』第二三巻、一九九七年所収、三七一ページ。

29 『総第五委員会第一部会報告書』は現在、東京大学社会科学研究所所蔵のものがオンラインで閲覧可能である（https://library.iss.u-tokyo.ac.jp/collection/d00/jump/650651185.html）。これと同じ内容で詳細な国民所得の分配に関する図表（産業連関表ではない）が掲載されている「戦争経済表の具体化」という文章が『中山伊知郎全集』第一〇集、講談社、一九七三年に収められている。

30 『経済戦争の本義』は現在、早稲田大学中央図書館と防衛省防衛研究所戦史研究センターに所蔵されている。防衛省防衛研究所所蔵のものは秋丸機関に嘱託として参加した家永正明の旧蔵資料である。

31 陸軍省主計課別班『経研訳第四号　マックス・ウエルナア著　列強の抗戦力（Military Strength of the Powers）』一九四〇年、京都府立図書館蔵。なお同訳書は蜷川虎三（京都帝国大学経済学部教授、のち京都府知事）の旧蔵書である。

32 陸軍省主計課別班『経研資料調第一号　貿易額ヨリ見タル我国ノ対外依存状況』一九四〇年（東京大学経済学部図書館蔵）、一ページ。

33 同右、三ページ。

34 陸軍省主計課別班『経研資料調第二四号　日米貿易断交ノ影響ト其ノ対策』一九四一年（東京大学経済学部図書館蔵）、九六 - 九七ページ。

35 名和統一『日本紡績業と原棉問題研究』大同書院、一九三七年、「序言」四ページ。日本学術振興会第三常置委員会は昭和八年前期に研究事項「棉花ノ研究」（実施者：河田嗣郎）に対し一三〇〇円を援助している（日本学術振興会学術部『昭和一六年度学術報告』一九四二年、二一二ページ）。

36 名和『日本紡績業と原棉問題研究』四三七‐四三八ページ。

37 有沢『戦争と経済』一五五ページ。

38 名和『日本紡績業と原棉問題研究』四五七‐四五九ページ。

39 同右、四六五‐四六六ページ。

40 同右、四六九‐四七〇ページ。

41 同右、四七〇‐四七一ページ。

42 同右、四七三ページ。

43 「戦時経済の実相　橋爪教授が御説明」『朝日新聞』一九四〇年一〇月九日夕刊。

44 『総第五委員会第一部会報告書』四二ページ。

45 稲葉秀三『激動三〇年の日本経済』実業之日本社、一九六五年、五七‐五八ページ。

46 『現代史資料四三　国家総動員一』みすず書房、一九七〇年所収。

47 稲葉『激動三〇年の日本経済』六七ページ。

48 同右、六七‐六八ページ。

49 荒川憲一「文献紹介　牧野邦昭『経済学者たちの日米開戦　秋丸機関「幻の報告書」の謎を解く』」『軍事史学』第五五巻第一号、二〇一九年。

50 総力戦研究所については太田弘毅「総力戦研究所の設立について」『日本歴史』第三五五号、一九七七年、同「総力戦研究所の業績――『占領地統治及戦後建設史』、『長期戦研究』について――」『軍事史学』第一四巻第四号、一九七九年、市川新「総力戦研究所における国家戦略研究ゲーミングの演練者」『流通経済大学論集』第四三巻第四号、二〇〇九年、粟屋憲太郎・中村陵『「総力戦研究所関係資料集」解説・総目次』不二出版、二〇一六年などを参照。

51　世界経済調査会の設立経緯については小堀聡「日中戦争期財界の外資導入工作――日本経済連盟会対外委員会」『経済論叢』第一九一巻第一号、二〇一七年を参照。

52　脇村義太郎「学者と戦争」『日本学士院紀要』第五二巻第三号、一九九八年、一六四ページ。

53　同右、一六四ページ。

54　兵頭徹「海軍省調査課と嘱託の役割（二）」『東洋研究』第一六一号、二〇〇六年、一二一ページ。高島辰彦中佐は京都帝国大学の地理学者などを組織して総力戦研究を行なっていた。前掲柴田『帝国日本と地政学』参照。

55　高木惣吉『太平洋戦争と陸海軍の抗争』経済往来社、一九六七年、一九〇―一九一ページ。

56　「当面ノ時局ニ於テ研究セントスル事項概要・調査課長」大久保達正ほか編・土井章監修『昭和社会経済史料集成』第一〇巻、一九八五年所収。その他の海軍省嘱託候補者としては高木八尺・高山岩男・清水幾太郎・原祐三の名前が挙げられている。

57　「総力戦研究所ニ海軍トシテ推薦ヲ適当トスル学者ニ関スル意見・海軍大学校研究部　富岡大佐」大久保達正ほか編・土井章監修『昭和社会経済史料集成』第一〇巻所収。推薦名簿には「権威者」として和辻哲郎・本位田祥男・三枝茂智が挙げられ、また「少壮有為ノ学者」には大河内・板垣・武村のほか高山岩男らが推薦されている。

58　兵頭徹「海軍省調査課と嘱託の役割（四）」『東洋研究』第一六九号、二〇〇八年、六八―六九ページ。

59　高木『太平洋戦争と陸海軍の抗争』一九七―一九八ページ、中山定義『一海軍士官の回想』毎日新聞社、一九八一年、一五六―一六〇ページ。中山伊知郎は昭和一八年に海軍大学校講師として経済学を教えたことを記している（中山伊知郎「私の年譜」『中山伊知郎全集』別巻、講談社、一九七三年、八ページ）。

60　高木惣吉が組織した海軍のブレーン・トラストの詳細については、辛島理人『帝国日本のアジア研究――総力戦体制・経済リアリズム・民主社会主義』明石書店、二〇一五年の第二章を参照。

61　中山『一海軍士官の回想』一六〇ページ、藤岡泰周『海軍少将高木惣吉――海軍省調査課と民間人頭脳集団』光人社、一九八六年、八六ページ。中山と藤岡はともに元海軍省調査課課員。
62 中山『一海軍士官の回想』一六二、一八七 - 一八八ページ、藤岡『海軍少将高木惣吉』二〇四ページ。
63 「総研特別研究会経済戦担当者連絡会(英米の経済抗戦力、独ソの講和問題等について)・昭和十七年八月八日」大久保達正ほか編・土井章監修『昭和社会経済史料集成』第一六巻、一九九一年所収、四一九 - 四二〇ページ。
64 同右、四二二ページ。
65 「世界大戦今後ノ見透シ・調査課綜合研究会 一八、四、一〇」大久保達正ほか編・土井章監修『昭和社会経済史料集成』第一九巻、一九九四年所収、二七ページ。
66 同右、二八ページ。
67 中山『一海軍士官の回想』一五九ページ。
68 有沢『歴史の中に生きる 有沢広巳の昭和史』『有沢広巳の昭和史』編纂委員会、一九八九年、九三ページ。
69 『矢部貞治日記 銀杏の巻』読売新聞社、一九七四年、六八五ページ。
70 藤岡『海軍少将高木惣吉』一八五 - 二〇三ページ。
71 有沢『歴史の中に生きる』九三ページ。
72 東亜研究所や満鉄調査部に関係した経済学者らの活動については、原覚天『現代アジア研究成立史論 満鉄調査部・東亜研究所・IPRの研究』勁草書房、一九八四年を参照。
73 中山「第十集への序文」『中山伊知郎全集』第一〇集、講談社、一九七三年、Xページ。
74 傾斜生産方式の現在からみた評価については大来洋一『戦後日本経済論――成長経済から成熟経済への転換』東洋経済新報社、二〇一〇年を参照。

第三章　経済新体制をめぐって

イデオロギー対立のなかに置かれた経済新体制案

昭和一二（一九三七）年の日中戦争の勃発以降、増大する軍需品需要に応えるために生産力拡充が要請される一方、軍需の拡大はインフレーションにつながった。インフレーションを抑えるために昭和一二年に制定された「輸出入品等に関する臨時措置法」を根拠として各種の物価統制が実施されたが、現実には盛んに闇取引が行なわれていた。こうした問題を解決するために、昭和一四（一九三九）年一二月に昭和研究会のメンバーで東京朝日新聞論説委員の笠信太郎は『日本経済の再編成』（中央公論社）において、企業の目的を利潤本位から生産本位に変更させ、公定価格を維持するための利潤率の統制、資本と経営の分離、技術の全面的公開、協同組合による需要と供給の自主的統制が必要であると訴えた。笠の新体制案は下からの自主的統制を重視するコーポラティズム（職能的協同組合主義）の色彩が強いものであったが、資本主義の行き詰まりを経済統制によって克服していこうとする経済革新案の一つとして注目された。昭和一五（一九四〇）年九月には第二次近衛内閣下で、同書と類似した内容の企画院審議室作成の「経済新体制要綱案」が発表されており、同書は当時進められていた経済新体制運動の解説書としてベストセラーとなった。[1]

笠の『日本経済の再編成』の基になったのは昭和研究会が昭和一四年に作成した「日本経済再編成試案」であるが、これは前章でもとりあげた有沢広巳が執筆したものであるという。[2]有沢は教授グループ事件で検挙されて保釈出所したばかりであったが、既に昭和一二年頃から産業統制機構の研究を積んでいた。有沢は保釈後に東京帝国大学経済学部を休職になっていたものの、表に出ない形で昭和研究会や秋丸機関に関与し、日本の経済政策に大きな影響を与える存在になっていた。

一方、『日本経済の再編成』以外にも当時は無数の経済新体制案が提案されており、便乗的な案も多かったが、なかには独自の経済分析に基づき理論的に提案されたものもあった。また、経済新体制運動に対しては財界や政党政治家、観念右翼から強い批判が行なわれたが、それらが一様に単に「現状維持」を求めるものであったり、新体制を「アカ」として一方的に攻撃するものであったりしたわけではなく、世界的に行なわれていた社会主義の実現性をめぐる高度な理論に基づく批判も存在した。問題は、それらの理論的な背景が省みられることなく、「革新」か「現状維持」かをめぐる政治的・イデオロギー的争いにより、真に望ましい経済体制をめぐる議論が不可能になったことである。

本章では柴田敬《しばたけい》[3]と山本勝市《やまもとかついち》[4]という二人の経済学者をとりあげ、両者の経済学研究と経済新体制運動との関わりを考察する。両者はともに河上肇に学び、当時の最新の経済学を基にした研究をしながらも、経済新体制をめぐるイデオロギー対立のなかで一定の役割を果たすことになった。

柴田敬――一般均衡理論とマルクス経済学の統合

福岡県出身で山口高等商業学校（前身は河上肇の母校の山口高等学校）に進んだ柴田敬は、当時河上の著書が「そうとう私たちの心をひきつけていた」ことと、山口高等商業学校での恩師だった作田荘一《さくたしょういち》が助教授として京都帝国大学経済学部に転任したことにより同学部に進学した。[5] 学部生時代に河上肇ゼミでマルクス経済学を学び、講師時代には河上の批判者で河上が昭和三（一九二八）年の三・一五事件で辞職した後に経済原論講座を引き継いだ高田保馬《たかたやすま》（第五章参照）に反撥しつつも、高田から一般均衡理論（カッセル体系――ワルラスの一般均衡理論体系を簡略化したもの）を学んだ。[6] このように河上からマルクス経済学、高田から一般均衡理論を学んだ柴田は昭和八（一九三三）年、「資本論と一般均衡論」[7]と題する論文を発表し、一般均衡理論とマルクスの再生産表式の統合によって「簡略化されたワルラス体系」を構築した。

柴田敬　『大道を行く』口絵より

オスカー・ランゲは以上の内容を英訳した柴田の論文[8]を読み、マルクス経済学と「近代経済学（modern economics）」との統合の試みとして高く評価し[9]、これ以降マルクス経済学と「近代経済学」との統合の試みを進めていく。

柴田は主著『理論経済学』[10]など戦前の多くの研究において、自身の簡略化されたワルラス体系に数値例を導入した分析を行なっており、特に「資本家が技術選択において合理的であれば、一般利潤率の低下が起こることはない（生産費を低下させるような資本の有機的構成の高級化――資本に占める固定資本の割合の増加――は一般利潤率を上昇させる）」という結論は、戦後に置塩信雄《おきしおのぶお》によって一般的な場合に成立することが証明され、「柴田＝置塩定理」として知られている[11]。その後、柴田はおそらく都留重人の影響もあってより一般的な分析の枠組みを示しており[12]、このなかに独占価格（価格水準に独占によるマークアップ率を掛けた値）を導入することで「一部の産業において独占が存在している不完全競争の場合」を分析し、それにより「完全競争の場合と比べて独占が存在すれば一般利潤率は低下する」ことを示した。簡潔にいえば一般均衡理論では各要素が相互に依存しているので、一部の産業で独占価格により高い利潤率を得ることができても、独占価格がほかの部門の生産費を圧迫するため一般利潤率は完全競争が行なわれる場合よりも低下することになる。[13]

柴田は「特に現代に於て一般利潤率を低下せしめてゐる要因」として、上記のような「独占者としての特権的地位を有する生産者によつて行はれる独占利潤の搾取」のほか、独占資本主義のもとで行なわれやすい「国際貿易の阻害と輸入関税の引上」、「労働争議（による実質賃金の上昇）」「新生産技術握り潰し政策によつて生ずる生産力進歩の阻害」を挙げている。[14]このように柴田は資本主義の独占化が直接的または間接的に一般利潤率を低下させていると考えた。

ただ、生産者が独占価格をつけ独占利潤を搾取することにより一般利潤率が減少することは理論的には示せるものの、それ以外の要因を独占で説明することはかなり飛躍があると考えられる。ともあれ柴田はこのような結論から独占化が一般利潤率の低下を引き起こし資本主義の危機をもたらしていると考えた。そしてこうした視点から、資本主義の危機に対応して登場したケインズの『雇用・利子・貨幣の一般理論』を批判することになる。[15]

柴田が批判したケインズ理論の問題点

昭和一一（一九三六）年、柴田はハーヴァード大学でシュンペーターに学ぶため、アメリカに向かった。シュンペーターは昭和六（一九三一）年に来日して京都帝国大学と神戸商業大学を訪問した際に柴田の才能を高く評価し、留学する際には自分のところに来るよう希望していた。[16]柴田はハーヴァード大学でシュンペーターのゼミに出席し、サミュエルソン、レオンチェフ、スウィージー兄弟、都留重人らとともに研究し、特にサミュエルソンの才能に驚いているが、さらに当時出版されたケインズの『一般理論』に多くの学生が影響されていくことに対し衝撃を受けた。[17]

その後柴田はイギリスに渡って、駐英大使だった吉田茂の仲介でケインズと面会するが、疲れて苛立っていたケインズは「自分が本を書くと日本から決まったように五、六通の翻訳申込みの手紙がくるが、こんな国はほかにない。どういうことなんだ」といったことを言うだけで経済学的な議論はできなかった。[18] これ以降柴田は多くのケインズ批判論文[19]を書いており、大きく分ければ論理的矛盾の存在、および資本主義体制が現在では独占に陥っている点を無視していることに批判が集中している。

当初柴田は、『一般理論』を一般均衡理論的体系として解釈していた[20]が、後には因果関係的に解釈するようになる。つまり、貨幣供給量が決まれば（貨幣需要量との関係で）利子率が決定され、利子率が決定されれば投資水準が決定され、投資水準及び消費、政府支出により国民所得が決定されるのでそれに応じて雇用量が決定される。そして雇用量増加が労働の限界生産性である実質賃金を決定するが、実質賃金水準の変化は同時に雇用量にも影響する。[21]

こうした柴田による因果関係を重視したケインズ『一般理論』解釈を現在のマクロ経済学の記号を用いて図式化すると（1）図のように書ける（M：貨幣供給量、r：利子率、I：投資、Y：国民所得、N：雇用量、G：政府支出、C：消費、w：実質賃金）。

(1)図

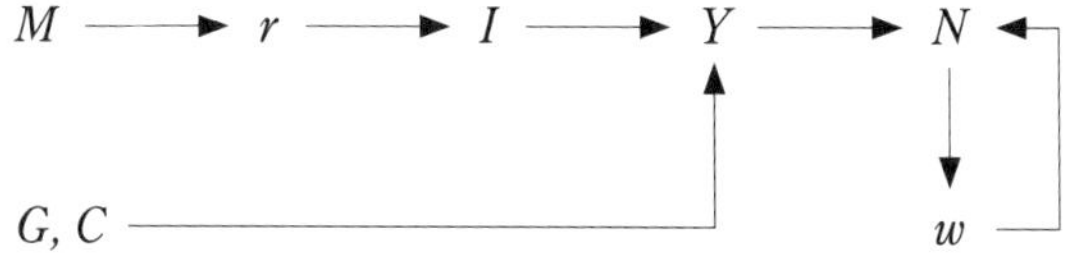

(1)式　$f(M, L) \rightarrow r \rightarrow I(r) \rightarrow g(I, G, C) \rightarrow Y \rightarrow \begin{pmatrix} N(Y, w) \\ w(N) \end{pmatrix}$

因果順序を明確にした連立方程式体系としては（1）式のとおりになる（L：貨幣需要）。

柴田はこうした因果関係的な『一般理論』解釈から、ケインズの思想を「今日世界を悩ましてゐる所の失業、生活不安、事業不振、生産過剰、資金過剰、破産等々は、貨幣の供給が適当に行はれてゐない、と言ふ点に其の主因を有するのであり、貨幣の供給さへ適当に統制されるならば、資本主義は人間の持ち得る最上の経済制度となる」[22]というものであるとした。しかし、現在では柴田が主張したように資本主義の独占化の進展により一般利潤率は低下しているため、銀行貸出は困難となり「金利操作やマーケット・オペレイション等は景気対策としての価値を多《ママ》いに失ふのである」[23]。現在の用語で言えば、独占化の進行が期待利潤率を著しく低下させているために貨幣供給に伴う利子率の低下（あるいは人為的な利子率の低下）が相殺され、投資増加に結びつかないため金融政策が景気回復に無効となる。したがって独占によって起きる資本主義の動脈硬化は金融政策によっては救うことはできない。柴田はこれ以前、世界の生産総額と世界の貨幣用金の存在額とのあいだに一定の比率（世界経済のマーシャリアンk）が存在すると

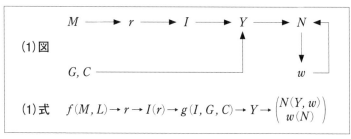

いう貨幣数量説の立場に立っていたが[24]、資本主義の独占化は一般利潤率を低下させるため、貨幣供給量の増加によって景気を回復させるという貨幣数量説的な手法を無効にすると柴田は考えた。

また柴田は、『一般理論』が「技術・資源及び要素費用等の状態を既に与へられたるものとして考へそれを基礎として全所得と雇傭量との間の函数関係を規定してゐる[25]」ことを批判した。『一般理論』では雇用量は全所得と常に同一方向に変化すると考えられているが、これには資本の有機的構成の変化による雇用量の変化が看過されている[26]。柴田が証明したように価格を低下させるような資本構成の高級化は利潤率を上昇させるため、完全競争の場合には資本家は利潤率を上昇させるために資本構成を積極的に高級化していく。独占が存在して利潤率が完全競争の場合と比べて低下している場合でも、価格を引き下げるような投資が行なわれれば一般利潤率が上昇することには変わりはない。したがって独占化が進む場合にも長期的には資本構成の高級化が促進される。独占資本によって進められる資本構成の高級化は多くの場合労働節約的な投資を引き起こすことになるため、長期的には投資が総雇用量を減少させるという可能性は柴田にとって当然考えられるべきであった。

もちろん『一般理論』の想定は設備量の変化のない短期のものなので、『一般理論』に資本の有機的構成の変化などの時間的要素を入れた分析を求めるのは「ないものねだり」という観も否めない。柴田はそのような『一般理論』の短期的分析としての限定性は十分認識していたが、ケインズが経済生活の社会化を論じた部分（『一般理論』第二四章「一般理論の導く社会哲学に関する結論的覚書」）などについて「此書物の一般的傾向は、瞭《あきら》かに、斯かる限定の無視を露呈する事になつてゐる」と批判している。[27]

資本主義の矛盾の克服へ

柴田が行なった理論研究を、時代背景から切り離して純粋に経済理論として見るのであれば、次のような分析を導き出すことができるだろう。経済は基本的には貨幣供給量、そしてそれによって決まる利子率と利潤率との比較によって規定される投資水準に、消費、政府支出を加えた国民所得によって決定される。その場合、不況になった際にはまず貨幣供給量を増加させ、利子率を低下させる金融政策によって投資を増加させるとともに、消費を増加させるような各種の政策や公共投資の増加といった財政政策が補助的に必要になる。これ自体は現在のマクロ経済政策と同じである。しかし一方で各産業における独占の進行は一般利潤率を低下させる。したがって資本が過剰で限界効率の著しい低下が起きていなくとも、利潤率が独占などの制度的理由によって著しく低下していれば、投資は増加しないため金融政策による利子率低下は景気対策として無効になる。つまり、景気回復のためには、財政政策を補助的に行ないつつ、金融政策を有効にするために利潤率を下げる要因を取り除く政策（たとえば独占が利潤率を低下させるのであれば、私企業の独占を防ぐ反独占政策、新規参入を促す規制緩和、公的部門の独占を終わらせる民営化など）が必要になる。このように柴田が昭和一〇年代に行なった経済理論研究は現在からみても非常に興味深いものである。

ただ問題は、柴田が独占を不可避の傾向としてしまったことである。経済が独占に向かう傾向が所与のものとするならば利潤率は低下する一方であり、利潤率によって動く資本主義はもはやその機能を停止してしまう。そうなれば政府が公共事業を行なわなければならないことになるが、柴田は公共事業も資本主義を維持し資本家の利益に抵触することを避けて行なわれているため局限されたものであり、資本主義の動脈硬化を救うことはできないとする。したがって資本主義そのものの変革が必要なのであり、資本主義を救おうとする「ケインズ的思想は、要するに、既に葬らるべく運命づけられたるものの自らの運命を知らぬ夢想に、過ぎないであらう[28]」と結論づけた。

柴田の『一般理論』に対する批判は、資本の有機的構成の高級化による影響や独占資本主義による一般利潤率の低下などの理論的研究を踏まえたものとして行なわれていたが、独占化による資本主義の行き詰まりを、日中戦争の勃発などの動きと合わせて考えていた柴田[29]はこれ以降、ケインズ的な修正資本主義とは異なる「真の意味に於いて国家主義的なる資本主義矛盾克伏[30]」を目指していく。

柴田は昭和一四（一九三九）年に恩師である作田荘一[31]と相談して「日本経済革新案」をまとめ上げる。独占資本主義を革新しなければいけない理由は次のように説明されている。

柴田によれば、日本経済は明治以降政府の努力と払い下げによって資本主義的産業の発展を成し遂げたが、後進国であるがゆえに「機械的生産技術の低位なる事」「重工業的産業規模の狭小なる事」「富源の涸渇せる事」「民度の低き事」という問題を抱えている[32]。第一次大戦で日本経済は一大飛躍したものの、国際社会を見ると同大戦を契機に戦争の様態は一変し、「内燃機関を有せる飛行機、タンクの如き精鋭なる武器」が重要な役割を果たすようになった。しかしこれらを大量に生産し運用するためには依然として存在する日本経済の後進性が大きな桎梏となる。つまり「第一次欧洲大戦は、実は日本に対して明治維新当時の内外情勢が日本に課してゐたのよりも更に重大なる難題を投げ掛けてゐたのである[33]」。

こうした日本の問題点は「ノモンハンの事件及びドイツの電撃戦の実績」でますます明らかとなっている。したがってこれを克服するためには「新しき時代の指導の任に堪へ得る原理に立脚したる体制に国内自体を編成替へ」していく必要があるが、資本主義の発達によって「資本に捉はれざる国家の立場に立つて新しき時代に処する途を考へると謂ふ事が兎角行はれ難くなつてゐた」。柴田は自身の理論的結論を解説する。

資本主義の独占段階への進展は、……直接間接に企業の見込利潤率を圧迫する。従つて、元来資本主義の発展段階に於ては、不況が続けば金融機関の手許に次第に資金がダブついて来るやうになり、やがて金利が充分に引下げられ低い率の見込利潤しか約束し得ないやうな事業の着手をも可能にするやうになり、景気が出て資金が市場に流出して行くのであり、これが各種生産物の生産期間や各種生産物流通用現金所要量やに於ける異同等々の関係と相俟つて所謂景気変動となり、又、金の生産量の変化と相俟つて所謂長期景気波動ともなつて現はれたものであるが、資本主義が独占段階に入つて一般的見込利潤率が右の如く低落してしまふと、銀行が如何に貸付利率を引下げて見た処で、銀行の行ひ得る程度の貸付利率引下げを以てしては、充分に多くの事業の着手を可能にする事が非常に困難になるので、生産物と生産要素と資金との過剰が、恒常的現象となり、不景気の執拗性が頓に加はつて来て、所謂景気変動理論乃至所謂長期景気波動理論からすれば景気上昇を見得べき条件のある場合にも景気上昇は容易に来らず、景気下降を見ざる筈である場合にも早や景気下降を見る事となるのである。[34]

こうした「一般的見込利潤率」（期待利潤率）の低下による通貨供給の無効性などの独占資本主義による弊害により、国民経済は動脈硬化症（長期にわたる景気の低迷）に悩むようになるが、それは生産活動の萎縮を伴い、さらに「資本投下一定額当りの雇傭労働者数を減少せしめる所の固定資本の増加、即ち所謂資本組成の有機的高級化」を伴うため失業は増加し、社会不安が激化する。さらに独占資本主義は植民地を求めて各国の帝国主義的活動を活潑化させ国際的緊張を高める。これらは因となり果となって日本経済を停滞させ、「世界的戦争の危機が愈々成熟せる段階に及んで国防国家体制の確立を愈々妨げてゐるのである」。[35]

柴田による日本経済革新案

以上のような分析から、柴田は「此の際思ひ切つて資本主義の体制に手を付けねばならない」と主張する。柴田はこの後「共同主義」や「日本国民団体」という用語を用いながら日本経済革新案を提唱しているが、こうした経済革新案に影響を与えているのは作田荘一の思想[36]である。作田は「随神《かんながら》の道」に従う「皇国経済学」を提唱し、第四章でとりあげるように文部省国民精神文化研究所所員で思想善導に従事したことでも知られるが、山口高等学校以来の友人であった河上肇とは河上が死ぬまで親しかった。作田は人類が生まれながらに所属する「基本団体」として最も重要なものを「国民団体」とし、それはさらに多数の人々が同一の目的を実現していくために仕事を分担する「共同組織」と、個人がそれぞれの目的を実現するために互酬関係を取り結ぶ「相互組織」とに分かれ、前者が国家、後者が社会にあたるとする。[37]したがって「国民団体」が危機に陥った場合には中心を持たない社会ではなく、中心を持つ国家が「国家意志」に依って統制を行なっていかなければならないとした。[38]

昭和一四（一九三九）年に満洲建国大学副総長となった作田は同年に同大学において資本主

作田荘一　『京都大学経済学部八十年史』より

義の会社に代わる「公社」の創設を提唱している。[39] これらの公社は国家によって配当された生産諸力（資源、資材、労力、技術、調達）に基づき「ソノ目的トスル財貨、勤労、又ハ資金ノ供給ニ関シテ毎年計画ヲ立テ国家ノ認可ヲ受」け「認可サレタル供給ニ就イテハコレヲ遂行スル責任ヲ負フ」[40]。公社の成績は貨幣的評価による利益・資産の増減とともに実物の品種及び数量による評価を行ない、公社収益は公社運営のために提供された資金への利子配当と国家への納付金に充てられる。作田はこのような公社案について「満洲国ノ特殊会社」「南満洲鉄道株式会社」などの特殊会社が事実上公社に近いことを指摘しており、[41] 満洲国の統制経済の体験が影響を与えていることがわかる。

　こうした作田による公社案を基に、柴田は自身の経済革新案で、生産性の向上と国防のための機械を導入していくために、独占企業を、社団法人であり「国家機関としての使命感に従つて、而も官庁組織の外に在つて産業活動を為すところの公法人」[42]である公社とすることを提言している。柴田の案は産業指導機関が公社社長を任命し、その経営は経営監査院が査定することで独占利潤を排除して国家の目標とする生産を行なっていくという、上からの指導を重視する経済再編成案であった。柴田は労賃及び価格を固定化し「停止価格と生産費より割出された価格との差額を、或は上納金として国庫に納めしめ、或は反対に補助金として国庫より補給すること」によって独占利潤を排除するとともに、赤字であっても必要な産業に補助を与えて生産を奨励することを提案した。[43] 柴田の日本経済革新案は自身の独占資本主義に関する理論的な研究に、作田の国家論及び満洲国の統制経済の体験が加わったものだった。

新体制運動とその挫折

柴田の回想によると、ゼミ出身者の早水親重《はやみちかしげ》に日本経済革新案の腹案を話したところ、早水は近衛文麿の息子の文隆を連れてきて同案を文書にするように要請した。早水と近衛文隆はともに、支那派遣軍司令部参謀の小野寺信《まこと》が上海で日中戦争早期解決を図るために設立した「小野寺機関」の協力者だった。[44] 柴田は早水と近衛文隆に促され、昭和一四(一九三九)年一二月に上京して近衛文麿に経済革新案を説明した。近衛本人は同案にはあまり関心を示さなかったが、翌一五(一九四〇)年に京都市役所社会課職員らが中心となって同案を研究する「新体制研究会」が発足し、京都府議や京都市議などのほか、昭和研究会などで活躍した京都帝国大学経済学部教授の谷口吉彦(河上肇門下)、瀧川事件で京都帝国大学法学部講師を辞職した後に立命館大学教授となった政治学者の田中直吉らが参加した。研究会の講習会には大河内一男、尾崎秀実《おざきほつみ》らが講師として招かれた。また戦後に日本社会党議員となる水谷長三郎《みずたにちょうざぶろう》、加藤勘十《かとうかんじゅう》らが大阪で新体制研究会を創設しようという動きがあり柴田が新体制案について講演したが、当時第二次近衛内閣の商工大臣として経済新体制に強く抵抗した小林一三《こばやしいちぞう》など、大阪を中心とした財界からは強い反対を受けた。[45]

この頃の柴田は、おそらくは当時石原莞爾《いしわらかんじ》の東亜連盟論に賛同していた田中直吉[46]または満洲建国大学創設時に石原と会って高く評価していた作田荘一の影響により、石原の思想に影響されている。柴田は「内燃機関を有する武器を以てする攻撃に堪へ得る住宅其他の施設を保有せしめる為にもきわめて高き民度を必要とする」[47]と説明しているが、これはおそらく石原が昭和一五年五月に行なった講演「最終戦争論」(記録者は田中)において、「[決戦戦争における兵器からの攻撃に対し」今日の建築は危険極まりないことは周知の事実であります。国民の徹底した自覚により国家は遅くとも二十年を目途とし、主要都市の根本的防空対策を断行すべきことを強く提案致します」[48]と述べていることに対応している。『日本経済革新案大綱』では「東亜経済新体制」にも言及されており、「東亜連盟諸国」の経済省の代表者によって「東亜経済協議会」が構成され、「東亜連盟諸国をして其の夫々の経済計画の立案に際し相互に連絡をとり夫々の経済計画を相互に補完的共助的なるものたらしめる如き協定に達せしめることを使命とする」とされている。[49]ただ柴田は東亜連盟の主張する「王道か皇道か」あるいは「世界最終戦論」の是非についてはは重視していない。

昭和一五(一九四〇)年一〇月には日独伊三国同盟締結により英米との対抗を軸とする外交姿勢の転換が図られたことを契機として各種の統制が一層強化されたが、価格体系に人為的傾斜が設定されたことで起こるアンバランスを調整し生産活動を維持するために各種の補給金の給付が開始されるなど、柴田の案と同様の政策が実施された。[50] しかし新体制運動自体は財界や政党政治家などの巻き返しにより尻すぼみとなり、経済新体制確立要綱は利潤追求を原則として認めるなど、資本主義体制を維持していく色彩の濃いものとなった。昭和一五年一一月に東京で開かれた紀元二六〇〇年祭式典に参列した柴田は、新体制運動の結果に失望した近衛文隆から「私の父はダメです。アヤマロ（文麿）ではなくアヤマル（誤る）です。キゲン（紀元）は二六〇〇年ではなくキケン（危険）は二六〇〇年です」と聞かされた。[51]

一方、柴田はなおも石原莞爾らとの座談会に参加するなど思想的な活動を続け——石原から「戦争経済の裏面的指導の要請」[52]を受けたが断わったという[53]——、また座談会「世界史的立場と日本」に参加した京都学派の哲学者・歴史家（高坂正顕、西谷啓治、鈴木成高、高山岩男等）とも交流を持っていたようである。[54] さらに柴田は海軍とも関係があったとみられ、おそらくそれもあって日本の経済力を知るための「年々の生産物」（現在でいう国内総生産）測定法[55]の研究を続けた。昭和一六（一九四一）年一一月には高木惣吉海軍省調査課長から「対米戦争になった場合どうすべきか」ということについて意見を求められ、「日本の経済力はとても対米戦争に耐えない」という趣旨の回答をした。[56]

しかし、昭和一七（一九四二）年に他の新体制研究会参加者が「共産主義実現を意図せる啓蒙運動」を行なったとして検挙された（京都市役所内左翼グループ事件[57]）こともあり徐々に実践活動からは手を引き、全体主義経済理論などの学術的研究に集中していくが、それらの研究は昭和一九（一九四四）年の召集（陸軍主計少尉として召集、南京の支那派遣軍総軍司令部経理部に配属）により中断された。それでも柴田は昭和二〇（一九四五）年一月から三月にかけて、名誉ある和平を結ぶために「日本軍を黄河の線まで撤収して、日本の指導者を平和主義的な人たちに交代させ、そのうえで東亜諸国の民族解放運動の指導者たちに呼びかけ、欧米の帝国主義的支配からの東亜の解放と東亜の平和の実現を図る」という案を大川周明のほか内大臣の木戸幸一に都留重人（都留は木戸の義理の甥）の紹介により説明する[58]など実践活動を続けたが、終戦後昭和二一（一九四六）年三月に京都帝国大学を退職し、さらに同年五月には教職追放、昭和二二年二月には公職追放となっている。

山本勝市――社会主義者からその批判者へ

和歌山県南部の出身で、代用教員や行商、弁護士の事務員などをして生活に苦労していた山本勝市は、河上肇の『貧乏物語』に強く感動したことが経済学へ向かう契機となった。「大正五年大阪朝日新聞に連載された河上博士の『貧乏物語』を、私は非常な感激を以て読みつづけた。そうして貧富の問題の解決が、強く念頭を支配して離れぬ様になつた。当時大阪に於ける私の生活があまりにも激しい貧者と富者との対比の中に置かれて居たからであらう[59]」。

大正六（一九一七）年に第三高等学校に入学した山本は、弁論部に所属し水谷長三郎らと議論を戦わせた。[60]京都帝国大学経済学部では河上に師事し、「高等学校から正常のコースを経て来た学生では君が一番成績がよい」と褒められたという。「私は［河上］先生から文章の書き方まで指導をうけ、講義の調子まで影響をうけた。先生ほど私に大きな影響力をもった学者はほかにはない」[61]。しかし社会主義に対する「疑念」はかなり早い時期から生じていたようであり、「東京の新人会から来た細迫《ほそさこ》［兼光］君と論争して、同君を憤慨させたり」していた。[62]

河上の推薦で和歌山高等商業学校に就職した山本は、大正一四（一九二五）年から昭和二（一九二七）年にかけてヨーロッパに留学し、フランス、ドイツ、ソ連に滞在する。特にフランスで重農学派の研究を行なったことが大きな思想の転機となった。山本がなぜ重農学派に関心を持ったのかははっきりしないが、当時京都帝国大学経済学部の長老教授だった田島錦治《たじまきんじ》が主に重農学派などフランスの経済思想を基に社会主義を批判していたことが影響している可能性がある。[63]研究が進むにつれて、重農学派について河上の弟子の櫛田民蔵やマルクス自身が「いい加減な読み方をしている事実を発見して驚いたと同時に、私のマルクス信奉の態度はくづれて来た」[64]。帰国後に山本は、櫛田民蔵によるケネーの『経済表』批判がマルクスの『剰余価値学説史』におけるそれとほぼ同じであり、しかもその解釈が間違っていることを指摘している。[65]

特に重農学派の「自然の秩序」という概念は大きな影響を山本に与えることになった。

山本勝市　『美術商50年』より

仏蘭西の所謂「重農学派」の経済思想の研究に没頭する機会を得、現存組織の機能についての反省の結果は、そこに神わざとも見るべき「自然の秩序」の形成を思ひ、自づからなる内面的統一の中に自由なる競争により現存の組織には行つまるといふ事はあり得ないのではないかといふ事がほのぼのと感ぜられて来たのである。凡そ行詰りの生ずるのは無理を重ねるからの事であるが、自然に即する、わが今日の「自然経済」の下に於ては、無理がなく、従つて行詰りといふものはあり得ないのではないか、といふ風な事も考へられて来た。[66]

「自然の秩序」を重視する思想からすれば、人為的に秩序を作り経済を管理しようとする社会主義は「無理」の多いものであり実現不可能なものになる。ソ連を訪問して「革命後十年を経ているのにモスコーの姿は惨たんたるものであった」[67]ことを知った山本は社会主義から訣別した。ベルリンに滞在した際に蠟山政道、有沢広巳、堀《ほり》江《え》邑一《むらいち》、谷口吉彦らが開いていた社会主義文献の読書会（ベルリン社会科学研究会）[68]に「すすめられて一度だけ出席」したが「みんなと論争して帰つた始末」であり、多くの日本人が「マルクス主義に傾いて行く次第で、私は憤懣に堪えなかつた」と回想している。[69]

ハイエクに先駆けた社会主義への批判

山本は昭和三（一九二八）年に和歌山高等商業学校の研究雑誌に掲載した論文「社会主義の実現性を疑ふ」で、現代社会は「巨大な社会」であり、原始時代の「共産体」のような「小さな社会」とは全く異なっていることを指摘している。

今日我々の住む経済社会は、お互に顔も知らない、名前すら聞いたことのない幾千万の人間が、形造つてゐる一つの巨大な社会である。こんな巨大な社会が兎も角も維持されて行くといふのは、一の不思議と云はねばならない。思ふにそれは、社会を構成する各人がめい〳〵に其の属する家族の生活について責任を負ひ、国家は単に法によつて秩序の維持に当ればよいことを原則として居るからこそ、維持されて行くのではあるまいかと考へられる。原始時代に存在したといはれる共産体の様な、或は今日の日向の新しい村の様な、若しくはいつの世にも存する家族の様な、小さな社会であれば、友愛や、親子愛や恋愛等の愛情が、社会的結合のエレメントとして大きな役割を演じ得るために、社会はある程度までの共産主義秩序で維持されて行き得るであらう。即ち経済活動を中央から直接統制管理することによつて、社会自らが、其の構成メンバーの経済生活を保証して行くことも、不可能ではあるまい。

たゞ今日の様な大きな社会、（お互に見ずしらずの者のつくつてゐる所の、従つて自然の愛情で結ばれることの物理的に不可能な所の）一の巨大な社会で、経済活動を中央から管理するといふ様なことは、どうしても出来やうとは考へられぬ。[70]

こうした「巨大な社会」をどのように運営していくのかについて、社会主義者たちは明らかにする必要があるにもかかわらず、マルクスに従うあまり、「未来のプランを避ける」傾向にある。これは好ましくなく、「社会主義革命の主張者」に対して「革命後にあらはるゝといふ社会主義秩序の構成のプラン」について「その実現性を吟味すること」が必要であるが、社会主義の実現性を考慮してみると「かゝる想像熟慮をつひやせばつひやす程、其の実現の困難を感ぜざるを得ぬ。社会主義は結局、人間の利己心が亡びざる限り、……いふべくして行ひ得ざる空想ではないかといふ結論に達する」とするのが山本の主張であった。

こうした山本の「巨大な社会」としての現代社会では社会主義は実行不可能であるとする主張は、ハイエクが戦後に展開した「グレート・ソサエティ」論を先取りするものといえる。ハイエクは同じ部族の構成員のみを平等に取り扱う少人数の部族社会から、すべての人間を平等に扱う「開かれた社会」への変化によって自生的な秩序である巨大な社会を実現させたとし、社会主義は部族社会の道徳を現代社会に押し付けようとする「先祖返り」の主張であると批判した。[71] このような「巨大な社会」としての現代社会における社会主義の実行の困難さという論点は、後にとりあげる競争的社会主義批判にも反映されている。

この山本の論文「社会主義の実現性を疑ふ」に対し、かつて山本が学んだ河上肇は『第二貧乏物語』（昭和四〜五〔一九二九〜三〇〕年『改造』誌上で連載、『改造』昭和五年一一月号別冊付録として出版）のなかで「昨年の夏、ある専門学校の雑誌に「社会主義の実現性を疑ふ」といふ論文が出てゐた。それには全くの素人がいふやうなことばかり書いてあつたので、私は批判をも加へずに看過したのだが、今は失礼ながらあなたを全くの素人だと仮定するので、先づこの論文を題材にして話を進める」と前置きして同論文を引用している。河上は山本の批判に対し、将来の社会を想像することは観念的空想であって、「与へられてゐる眼前の事実の科学的分析によつて客観的論理を把握し、吾々の意識・意欲・意図から独立して行はれる社会変動の必然的な自然法則を理解することにより、問題の解決を徹底的な唯物論の地盤の上に据えたこと、こゝに先づマルクス主義の根本的な特徴が存在する」（『河上肇全集』第一八巻、八三ページ）とするだけで、「革命後にあらはるゝといふ社会主義秩序の構成のプラン」を出すべきであるという山本の主張に対しては直接答えなかった。

資本の稀少性を出発点として

昭和六（一九三一）年に、山本は論文[72]で初めて「経済的計算」（経済的計慮）の重要性に触れている。つまり、資本主義では市場価格や利子によって行なわれる稀少な資本を効率的に使用していくための計算（経済計算）が、社会主義ではどのように行なわれるのかを分析しなければならないとするのが山本の主張であった。

山本は「資本の稀少性」を重視する議論を行なった経済学者であるハルムやカッセルの著書を参考にしている。しかし山本にとって、最初に「資本（後の著作では欲望充足手段）の稀少性」を強調し、そのうえで「可能なる消費を制限する以外の方法を以て新資本を形成することは絶対に不可能といはねばならぬ[73]」と主張することは特に意味があったと思われる。

第一章で示したように、『貧乏物語』で河上肇が貧乏をなくすための方法として「富者による奢侈の廃止」を挙げた理由は、それによって生じた富者の余裕資金と不要となった奢侈財生産のための資本とを生活必需品生産のための資本とすることで、生活必需品を安価に大量に供給することができると考えていたためである。『貧乏物語』は理論面からいえば貧困の原因を資本の欠乏に求め、資本を作り出すための手段を考える本であった。『貧乏物語』に感激して河上に学んだ山本にとって、資本の稀少性は経済の出発点として避けることのできないものであった。実際、山本は社会主義批判に転じた後も次のように『貧乏物語』の影響を強く受けていると見られる主張――資本蓄積のために資本家は享楽のための浪費を行なうべきではない――を繰り返している。

資本がなくては国家の産業はたち行くものではない。従つて利潤を貯蓄して資本化することは、社会主義者の言ふが如く非難さるべき事柄ではない。年々百万に近い新なる労働者に職を与へんが為には新なる資本の蓄積は不可避的に必要である。今日の資本家として最も戒心すべきは、利潤を個人的享楽に消費すると云ふ点であらう。もとより余は財産を有する者が、其の財産を自己の享楽に消費することを一概に排斥するのではない。たゞ其の利潤が単に企業者の能力によつて得られたるものでないことは明白であつて、如何なる利潤も直接間接の国家の保護と国民全般との協力のもとに始めて可能となるのであるから、これを所有する者は単に自己の享楽のために消費すべきではなく、国民と共に消費し皇運を扶翼する精神をもつて一厘一銭と雖も浪費すべきでないと考へるのである。[74]

経済計算のできない社会主義の非効率性

山本は二回目の留学（昭和六～七〔一九三一～三二〕年）でソ連を経由してドイツに行き、ソ連から亡命した自由主義経済学者のブルツクス、及びハルムに学んでいる。途中モスクワのコム・アカデミーにおいて社会主義経済ではどのように原価計算を行なっているかを聞き、「現在のところでは一九一三年の欧州大戦が始まる前の年の市場価格」を基に原価計算を行なっているという回答を得ている。[75] 帰国後の昭和七（一九三二）年に山本が出版した『経済計算――計画経済の基本問題』は、社会主義経済計算論争の世界で最初期の体系的研究書である。もっとも当時の日本ではこの問題についての関心は低く、例外的に早い時期から関心を抱いていた小泉信三は、「経済計算の問題はその頃まだ日本では耳目に慣れていなかった。たしか昭和四《ママ》年、山本勝市君が始めてこの主題について単行本を書いたとき、世人は経済計算とは何のことかを知らず、簿記の本かと思って買いに来た銀行があったということを、出版者の千倉書房主人が来て話したのを覚えている」と回想している[76]。

同書のなかで山本は、資本主義では利潤算出の基礎である生産費と生産物価格は生産者の意志から独立して客観的に市場に成立しており、市場価格から「効果」としての生産物価格と「犠牲」としての生産費を比較して、生産が生産主体の側から見て経済的かどうかを判断する経済計算が可能であるのに対し、社会主義では何を基準として「効果」と「犠牲」を比較し経済計算を行なうのかを問うている。そして社会主義経済計算論争の口火を切ったミーゼス及びブルックスの議論を参考としつつ各種の経済計算論を検討しており、ミーゼスの議論――社会主義においては生産要素の市場が存在せず価格が存在しなくなるため、「効果」と「犠牲」の経済計算が成立せず経済的な生産が不可能となるため、社会主義の効率的な運営は不可能である――に全面的に賛成している[77]。

なお、後に社会主義経済計算論争の重要な論点となる「競争的社会主義」（各産業において価格を試験的に設け、それによって過不足が生じれば経営指導者が価格をそれに応じて上下させ試行錯誤していくことで、最終的に独占価格・利潤を排した均衡が成立する）について、山本は現在の複雑な生産過程では無数の生産財が一個の完成財に結合され、一個の生産財が無数の完成財に入り込むことを考えると、完成財価格から遡及して生産財価格を決定していくことは困難であるとしており、後にオスカー・ランゲが主張した競争的社会主義に対しても、こうした現実の経済の複雑さ、すなわち「大きな社会」であることを根拠とした批判を行なっている。

さらに山本は、「価格が市場に於ける具体的現実的取引によつて定まり、その価格を経済計算の基礎として生産の方向が決せられるといふ市場機構」が「古今に通じ、中外にあやまることなきもの」[78]であって、その原則を確立した明治維新の精神と大日本帝国憲法に帰るべきであるとする、ハイエクの「法の支配」論を思わせる議論を展開している。このような明治維新および大日本帝国憲法への高い評価が、山本の統制経済批判の根拠の一つとなったことは後述する。

ともあれ、以上より山本は「世に所謂社会主義的計画経済は不可能なる一の幻想に過ぎ」ないとし、「現実に可能なる社会主義的計画経済の実相」を次のように予想している。

国家の中央部（例へば経済計画委員会）が、社会的犠牲の多少についても社会的効果の大小についても自信なしに、たゞ一応必要又は適当と決定した生産計画をば、無暗矢鱈に強行していく経済――労働選択の自由と、消費自由の剝奪せらるゝ経済。即ち恐怖政治。[79]

山本はさらにブルックスのソ連経済研究[80]を基に、戦時共産主義からネップ（新経済計画）、第一次五ヵ年計画に至るなかで「市場を撲滅せる中央集権的な計画経済は経済計算を喪失して盲目状態に陥り、混乱と生産性の減退に堪へられぬといふこと」「市場の復活は経済の秩序と生産性の復活を意味するといふこと」「生産手段の国有、国家的経済一般計画の遂行といふ社会主義の根本規定の下に於ては、……全体として資源の経済的配分、生産物の経済的配給を実現し難く、従つて生産の結果の跛行《はこう》、需要供給の均衡破壊を避くべくもないといふこと」が明らかになったとして社会主義経済運営の困難さを指摘した。[81]

現在では、社会主義経済の効率性が低く、スターリン主義に代表される恐怖政治が存在したことはよく知られている。しかし当時は、第一次五ヵ年計画によってソ連が急速に重工業化を実現したことで、マルクス主義者や軍部は社会主義経済を高く評価し、第一次五ヵ年計画における市民生活の犠牲が甚大であったことは知られていたが、それは工業発展のためのやむを得ないものとみなされていた。[82] 特に昭和一四(一九三九)年のノモンハン事件における日本軍の敗北は大きな衝撃を与え、陸軍統制派によって国防国家建設のためには計画経済による経済新体制の推進が一層必要であると認識されるようになった。このような統制経済推進派と山本との社会主義・ソ連の経験に関する認識の相違が、後に山本を日本における統制経済批判に向かわせることになる。

山本による社会主義批判はミーゼスなどの社会主義経済計算論研究に拠って立つものであるが、山本はミーゼスについて「あまりにも国民個々人の生活欲望のみを問題として、国家の直接なる需要の重要性を看却《ママ》して居る」こと、「国民個々人の需要に関して単に消費者の欲望の最大満足を以て経済の理念として居ること」などの個人主義的側面には賛成していない[83]。山本の立場は「皇国の隆昌のうちに日本臣民の真の慶福が存する」というものであり、あくまでも「市場機能はこれを百パーセント活用して聖戦貫遂のために必要な国策を強力に遂行すべき[84]」であるがゆえに自由な価格の変動が必要なのだった。こうした山本の主張を「国家のための経済自由主義」ということができるだろう。山本は私有財産制や市場はそれ自身は自然に生まれてきたものだが、それらが「強力な統一的国家の力によって意識的に確保されることによって」欧米でも日本でも急速な経済発展を遂げたことを述べ、経済自由主義における強力な国家の必要性を強調する[85]。

山本は「個人の人格を絶対視し、個人の自由、個人の権利を目的として主張する人生観としての自由主義」と、「国家の目的を達する手段として、個人の競争を尊重せんとするところの政策上の主張」とを区別することを主張して次のような例を用いている。

　何人も牛の自由を目的とするものはないであらう。而も牛を垣に結びつけて飼育するよりも、垣のうちに自由に放牧する方が方法としてよろしいといふ養牛政策は立派に成立することを思ふべきである。政策としての個人の自由なる競争活動の否認に反対する者に対して、一概に自由主義として非難するのは、綿密に物を考へないからか、あるひは故意に言語魔術を弄するものといふべきである。[86]

つまり「国家の目的を達する手段として、個人の競争を尊重せんとするところの政策上の主張」、山本が用いている牛の例を国民に変えれば、「国民を統制に結びつけるよりも、国家という垣の中で自由に活動させる方が方法としてよろしいという経済政策」が山本の主張であった。こうした「養牛政策」の例を経済政策で利用する山本の発想は「牧人の権力」を重視したミシェル・フーコーの経済思想に関する指摘を想起させる。フーコーは一七世紀から一八世紀にかけて国家理性論（国家が国民や領土に固有の性質を見出し、これを維持・管理していくことで国家の豊かさを追求しようとする試み）がケネーなど重農学者やアダム・スミスなどの「自由主義の政治経済学」に批判され取り替えられていくことに注目している。国家理性論が国民の微細な生活秩序までを管理しようとして「統治の過剰」を引き起こしたのに対し、重農学派やスミスは人口や市場が有する固有の自然性・法則性に依拠した調整を社会全体に行きわたらせることで統治を行なおうとしたとフーコーは指摘した。[87] もともと社会主義者として出発しながら重農学派の研究によって社会主義批判者に転じた山本の軌跡は、フーコーが指摘する「国家理性論」から「自由主義の政治経済学」への転換による統治手段の変化を体現したものであった。

また山本は、前述のミーゼスの個人主義的思想を批判する文脈で、「需要の充足は重大ではあるが、需要は単なる人間欲望ではなく皇国の隆昌といふ見地から価値判断の行はれた需要でなければならぬ。而して皇国の隆昌といふ見地から価値判断が行はれた需要に適応して生産手段が配分せられることに経済的生産の理念がなければならぬと考へる」として、「消費生活、消費道徳の指導と企業者教育」が必要であると主張した[88]。

こうした需要の重視、特に需要について価値判断を行ない消費道徳を重視する発想、そして需要に生産が従うという発想は、やはり「生産が元ではなくて寧ろ需要が元である」（『河上肇全集』第九巻、九八ページ）とした『貧乏物語』から来ているのではないかと考えられる。第一章で扱ったように、河上が『貧乏物語』で行なった発想は、第一次大戦という総力戦を参考にしながら「経済組織改造と人心改造の二頭立て」で社会を変えることであった。山本は河上の主張した「経済組織改造」に対しては否定するが、それは価格メカニズムを利用した「自由な経済活動」の方が経済力を強化できるからであった。一方で山本は、河上と同じく消費道徳の強化すなわち人心改造によって「皇国の隆昌といふ見地から価値判断が行はれた需要」を行なっていくことを主張する。結局のところ、河上の言葉を利用すれば、山本の自由主義経済の主張は、「経済組織の現状維持と人心改造の二頭立て」で総力戦に対応することを目指した、『貧乏物語』の一ヴァリエーションであったと言えるかもしれない。

統制経済への批判

山本は社会主義批判の研究により、昭和七（一九三二）年から文部省国民精神文化研究所の所員に招かれ、同研究所事業部研究生指導科主任として大学・高校・専門学校の学生生徒で思想上の理由で学籍を失った者の指導矯正、いわゆる転向を促す仕事を行なっている（第四章参照）。

ただ、山本はマルクス主義者だけではなく、資本主義を排撃し統制経済を主張する革新右翼に対しても「「生産権の奉還」だの、「生産分配の中央からの統制管理」だのと、いふは易いが、一体誰が如何にして生産分配を実行して行くかを考へて見なければならぬ」と批判を繰り返していた。昭和一一（一九三六）年に起きた二・二六事件後には陸軍の求めに応じて北一輝の『日本改造法案大綱』に対する批判を行なっている。特に北が私有財産の制限と国家による物価調節を行なうことを主張している点[89]について「価格は、需要供給の変動に随ひて自動的に動くが故にこそ、価格の動きが逆に需要及供給を規制し、需要と供給の均衡を具現するの機能を果し得るなり、価格の動揺を避けんが為に、需要供給より独立して、国家が価格を固定せんか、斯る価格は最早需要供給の均衡調節の指標たる機能を果す能はざることを忘るべからず[90]」と批判した。

経済計算論研究による理論的な市場経済の擁護は、マルクス主義批判という点では当時の政府にとって都合のよいものであり、山本はマルクス主義批判のイデオローグとしての役割を果たした。しかし陸軍を中心に「国防国家」建設のために経済統制が実施されていくようになると、山本はむしろ経済政策に対する強い批判者となっていく。

昭和一一（一九三六）年に広田弘毅内閣で革新官僚の奥村喜和男（内閣調査局調査官）を中心にまとめられた電力国家管理案（民有国営案）は政財界で大きな論争を招いたが、山本は、電力国家管理案は私有財産権を侵害する憲法違反の案であり、奥村の思想は無意識のうちに国家社会主義を実現しようとするものであると批判した。[91] この山本の電力国家管理案批判の文章が政界に配布されたことが大きな政治問題となり、陸軍側から文部大臣への抗議が行なわれ、国民精神文化研究所の予算問題にも発展したため、これ以降山本の存在により、国民精神文化研究所と軍部とのあいだには「相当深刻な空気」が生じるようになる。[92] 山本はこの後も経済計算論に基づき統制経済を批判する一方で、陸軍主流派による統制経済への傾斜に対抗するために旧皇道派の人脈と接近するようになる。[93]

経済新体制は「旧体制」

昭和一四（一九三九）年に笠信太郎の『日本経済の再編成』がベストセラーになると、山本は昭和一五（一九四〇）年五月から七月にかけて『日本経済の再編成』批判論文を発表した。[94] ミーゼスからランゲに至る社会主義経済計算論争を紹介しつつ、利潤は生産のバロメーターとなるものであり、利潤統制によって経済計算の根拠が失われれば「生産の跛行状態」が引き起こされると主張した。山本は「笠氏の新体制が資源配分の不均衡を必然に招来するといふ理由によつて、生産を拡充するどころか、国民経済全体として見た場合の資源の浪費・生産性の減退を結果する」[95]と批判した。

経済新体制の代わりの方策として、山本は（一）必要なだけの軍需品の内外における購入調達、（二）軍需以外の財政緊縮、（三）国民の消費節約の徹底を挙げている。これらは「少しも珍奇な政策ではない」が、「非常時に於てこそ歴史上未経験な珍奇な政策などは特に避くべきであつて、出来るだけ経験済みの慣れた簡易な方法によるべきものと考へるのである」と山本は主張した[96]。特に山本は「市場機能の破壊は経済の破壊と同義」であるとして新体制ではなく「明治の経済体制に帰れ」と主張している。

> 明治維新をブルジョア革命と考へるところの社会主義者やその亜流は「明治の経済体制への復古」を以て「資本主義経済体制への復帰」を意味するものとして反対するであらう。（中略）けれども度々述べたやうに、価格が市場に於ける具体的現実的取引によつて定まり、その価格を経済計算の基礎として生産の方向が決定せられるといふ市場機構は、明治維新によつて意識的に蘇生確立せられるに至つたといふものの、実は古今に通じ、中外にあやまることなきものなのである。徳川時代の末期にはそれが著しく妨げられて居たのであるが、維新とともに其の拘束のきづなが断切られ、そこに再び経済は自然の組織軌道にのることとな

つて、僅々数十年の間に驚異に値する生産力の発展をそのもとに可能ならしめたのである。[97]

さらに山本は、当時の統制経済の混乱に伴い各府県が必需品の県外移出を禁止するようになった「地方ブロック化」について、「昔の徳川時代に藩と云ふのがあつて、藩と藩との間に関所があつて、関所で中々物を通さぬ、さう云ふ風な趣が此の昭和の御代に再び現はれて来た」として、これを「封建時代への逆戻り、封建ブロック」として批判している。[98]

フランス経済思想に通じていた山本は、もともとはフランス革命と明治維新を同列に扱っていた。フランス革命と明治維新をともに封建制下の「統制社会」から「生産分配は個人の自由競争によつて行はれ、経済活動は個人の自由に放任せらるるを以て原則とする」社会への革命つまり「統制社会から自由放任社会への革命」[99]とみなしていた山本にとって、経済統制を強化しようとする経済新体制運動は明治維新という革命の成果を失わせる反革命であり、新体制というよりもむしろ旧体制（アンシャン・レジーム）への復帰であった。

政治利用された経済計算論

山本による経済計算論を根拠とする経済新体制批判は財界や政党政治家、観念右翼に影響を与え、経済新体制の理論的批判者として知られるようになった。山本は東洋経済新報社による財界サロン「経済倶楽部」で経済計算を根拠にした経済新体制批判をテーマとして何度も講演を行なっている。企画院の革新官僚の一人であった迫水久常《さこみずひさつね》は、新体制運動時に統制経済に最も強く反対したのが商工大臣の小林一三であり、これについて理論的な構成をしたのが山本であったとしている。[100] 実際に小林一三は文部大臣の橋田邦彦を通じて山本に「経済新体制要綱」への批判を求めている。[101] 当時の一般の新聞でも「『経済新体制への』反対や非難のうちで最も悪質であるのは、すべてを「赤」の一言で片づけようとするものである。（中略）たゞ、これらの反対のうちにあつて、傾聴に値ひするのは、オーストリアのミーゼス教授の流れをくみ、経済計算の立場より、計画経済は、事実上実施不可能なる程度にまで困難であるとする主張である」[102] と書かれるなど、一般人にも計画経済における経済計算の問題が知られるようになった。

政友会正統派の政党政治家だった鳩山一郎は社会主義・無政府主義に対しては瀧川事件などで厳しい態度をとる一方、私有財産や「憲法の認める自由」を擁護する観点から経済新体制運動に反対の立場をとっていた。鳩山の昭和一五（一九四〇）年の日記には山本に関する記述が頻出し、[103] 特に山本の「笠信太郎氏『日本経済の再編成』批判」について一一月九日の日記で「笠氏の立論を根底より打倒して余す所なし。近来の快文字たり」と高く評価している。[104] 山本によれば鳩山は「笠信太郎氏『日本経済の再編成』批判」を二万部印刷し、これと合わせて日本工業倶楽部が二〇〇〇〇部、名古屋の実業家が五〇〇〇〇部、翌昭和一六（一九四一）年に原理日本社が三〇〇～五〇〇〇部を印刷し、[105] 山本の同論文は政党関係者、財界、観念右翼によって各方面に配布され、経済新体制批判に用いられた。

笠信太郎はこうした批判・攻撃から逃れるためにヨーロッパ特派員となって日本を離れ、昭和一五年末に閣議決定された経済新体制確立要綱では「企業は民意を本位」として利潤原理を認めることが明記された。他方、新体制推進側からの反撃により、山本が市場価格の重要性から「経済新体制要綱案」を批判した講演速記[106]は配布禁止となり、検事の取調べも受け[107]、著書『計画経済批判』は勧告絶版となった。太平洋戦争勃発後、経済統制が一層進展するなかで山本は、昭和一八（一九四三）年には文部省国民精神文化研究所の退職を余儀なくされる。これには自由主義者と見なされる山本がいることで軍の圧力により予算が獲得できないという国民精神文化研究所側の判断があった[108]。その後山本は右派海員団体の明朗会や陸軍参謀本部部員らとともに岩田宙造（鈴木貫太郎内閣顧問、東《ひがし》久《く》邇宮《にのみや》稔彦《なるひこ》内閣法相）・阿《あ》南《なみ》惟幾《これちか》連立内閣を作ることによって条件付講和に持ち込もうとする終戦工作を行なった[109]。

戦後の柴田と山本――独占資本主義の克服と新自由主義

柴田敬は公職追放解除後、山口大学、青山学院大学、九州産業大学で教鞭をとりながら、研究生活のなかで、経済には有限な資源を食いつぶすことによって利潤率の低下に向かう「壊禍《かいか》の法則」があるという、現在の環境経済学の先駆け的な着想を理論化することに力を注いでいる。

一方、終戦直後、柴田が「財閥解体委員会（持株会社整理委員会か）」の委員長に就任する話が持ち上がっていたという。[110] これは柴田の公職追放によって実現しなかったようであるが、戦後の財閥解体は、柴田の主張に従えば一般利潤率の低下により資本主義の危機をもたらす要因となる独占を解消させるものであった。独占資本主義の克服は、柴田が戦時中に意図した方向とは異なるが、やはり戦争を通じてある程度実現されたといえるかもしれない。柴田は学界に復帰した後も新体制運動に関わった際の人脈を生かし、自民党の石田博英などの政治家や労働組合関係者らとともに、労使協調路線に基づき独占資本主義を克服しようとする新しい経済体制の研究を続けた。[111]

山本勝市は終戦後、鳩山一郎に誘われて日本自由党創立委員として政策策定に関与し、公職追放をはさんで政治家としての道を歩んだ。戦後の吉田・鳩山抗争の際、山本は石橋湛山の政治的同志として行動し、石橋は山本の選挙に関して応援演説を行なっている[112]ほか、山本とともに経済政策案の検討を行なっている。[113] 石橋の経済政策案の検討には山本のほか元革新官僚の迫水久常も参加しているが、その経済政策案の内容は「中央地方を通じ行政を極力簡素化し減税を断行する」「一切の統制は産業の健全なる発達を阻害するためこれを可能な限り撤廃する。金融についても同様」「官業、半官業をできる限り民営に移す」など、かなり自由主義的なものである。[114] 戦後は経済思想としてはエアハルトやレプケなどドイツのオルド自由主義の経済学者やハイエク[115]を高く評価し、政策面では「公共の福祉」の名の下に国民の自由や権利を制限しようとする経済規制に対して日本国憲法第一一条から第一三条（基本的人権の享有、自由・権利の保持の責任とその濫用の禁止、個人の尊重と公共の福祉）を基にして反対した。[116] 近年では「「日本の新自由主義」の先駆者[117]」といった評価もなされている。

1　経済新体制運動については、拙稿「近衛新体制と革新官僚」筒井清忠編『昭和史講義――最新研究で見る戦争への道』ちくま新書、二〇一五年所収を参照。

2　酒井三郎『昭和研究会――ある知識人集団の軌跡』中公文庫、一九九二年、一三八‐一三九ページ、中村隆英「笠信太郎」三谷太一郎編『言論は日本を動かす　①近代を考える』講談社、一九八六年所収、一六五‐一六六ページ。

3　柴田敬に関する文献一覧として杉原四郎・公文園子・岡村稔「柴田敬研究文献目録」『青山国際政経論集』第四〇号、一九九七年および第五八号、二〇〇二年、杉原四郎・公文園子・本田重美・岡村稔「続柴田敬研究文献目録」『青山国際政経論集』第七八号、二〇〇九年、公文園子・本田重美・岡村稔「柴田敬研究文献目録（追録）」『青山国際政経論集』第九六号、二〇一六年を参照。柴田の生涯と研究の詳細については拙著『柴田敬――資本主義の超克を目指して（評伝・日本の経済思想）』日本経済評論社、二〇一五年を参照。

4　経済学者としての山本勝市に関する最近の研究としては、尾近裕幸「山本勝市――自由主義の闘士――（一）」『和歌山大学経済学部研究年報』第一号、一九九七年、古賀勝次郎『近代日本の社会科学者たち』行人社、二〇〇一年、第五章「高田保馬と山本勝市」、土井郁磨「自由主義経済論者山本勝市における思想的出発」『日本歴史』第六三六号、二〇〇一年、同「戦前期の自由主義経済論と「社会主義経済論」――山本勝市による「経済計算論」への接近について」『政治経済史学』第四一六‐四一七号、二〇〇一年がある。また戦時期の山本の政治的活動としては、伊藤隆「山本勝市についての覚書・附山本勝市日記（一）～（三）」『日本文化研究所紀要』（亜細亜大学）第一‐三号、一九九九五‐九七年を参照。また、本章作成に当たり経済学史学会関西部会第一五二回例会（二〇〇七年七月二一日）における徳山大学元教授の金田良治氏による報告「山本勝市の経済計算論、高田（保馬）・小泉（信三）の関連諸見解」および同報告資料も参考とした。

5 柴田敬『新版増補　経済の法則を求めて』日本経済評論社、二〇〇九年、四ページ。

6 同右、二〇‐二一ページ。

7 柴田敬「資本論と一般均衡論」『経済論叢』第三六巻第一号、一九三三年。

8 Shibata, K., "Marx's Analysis of Capitalism and the General Equilibrium Theory of the Lausanne School," *Kyoto University Economic Review*, Vol. 8, No. 1, 1933.

9 Lange, O., "Marxian Economics and Modern Economic Theory," *Review of Economic Studies*, Vol. 2, 1935.

10 柴田敬『理論経済学』弘文堂、一九三五‐三六年。

11 柴田＝置塩定理の簡潔な説明として、八木紀一郎『社会経済学――資本主義を知る』名古屋大学出版会、二〇〇六年、一三四‐一三五ページ、根岸隆「柴田敬――国際的に評価された最初の経済学者」鈴木信雄責任編集『経済思想一〇　日本の経済思想二』日本経済評論社、二〇〇六年、一三七‐一四一ページを参照。

12 Shibata, K., "On the General Profit Rate," *Kyoto University Economic Review*, Vol.14, 1939. 同論文を上村鎮威が邦訳したものが「資本主義経済理論」中の第一章「一般利潤率論」。

13 厳密性を犠牲にした説明は、拙稿「柴田敬の独占資本主義論」『経済論叢』第一八一巻第四号、二〇〇八年を参照。

14 「資本主義経済理論」二二ページ。これらの厳密性を犠牲にした説明も、拙稿「柴田敬の独占資本主義論」参照。

15 "On the General Profit Rate"は一九三九年の論文であり、柴田は一九三八年から独占資本主義が利潤率低下を引き起こすという点からのケインズ『一般理論』批判論文を書いているが、独占による一般利潤率低下が資本主義の危機をもたらすという柴田の考えは一九三八年の時点で着想されているため、論文の流れでも柴田の独占資本主義論を先に解説した。

16 柴田『経済の法則を求めて』四三ページ。

17 同右、五三-五四ページ

18 同右、六〇-六四ページ。

19 柴田の最初のケインズ批判論文は Shibata, K., "Some Questions on Mr. Keynes' General Theory of Employment, Interest and Money", *Kyoto University Economic Review*, Vol.12, No.1, 1937. 飯田藤次訳「ケインズの『一般理論』に関する諸問題」『経済論叢』第四五巻第四号、一九三七年。

20 "Some Questions on Mr. Keynes' General Theory of Employment, Interest and Money," p.84. 「ケインズの『一般理論』に関する諸問題」七六-七七ページ。

21 柴田敬「ケインズの『一般理論』に就いて」『経済論叢』第四八巻第四号、一九三九年、三八-三九ページ。英文は Shibata, K., "Further Comments on Mr. Keynes' General Theory", *Kyoto University Economic Review*, Vol.14, No.1, 1939. pp.50-52.

22 柴田敬「ケインズの説に就いて」『経済学論集』第九巻第一号、一九三九年、二八ページ。

23 同右、三〇ページ。

24 柴田敬「カッセル教授の貨幣数量説の実証の吟味」『経済論叢』第三三巻第五号、一九三一年。Shibata, K., "An Examination of Professor Cassel's Quantity Theory of Money", *Kyoto University Economic Review*, Vol. 7, No. 1, 1937.

25 柴田「ケインズの『一般理論』に就いて」四一ページ。

26 同右、四一-四二ページ。

27 柴田「ケインズの『一般理論』に関する諸問題」八二-八三ページ。

28 柴田「ケインズの説に就いて」三一ページ。

29 柴田は欧米留学中に日中戦争が勃発したことに強い危機感を抱き、日本に帰国する船中で独占資本主義体制が日本を危機に陥らせているというアイデアを得たとしている（『経済の法則を求めて』七八-七九ページ）。柴田が独占を問題とし、貨幣供給によって資本主義は救われないと『一般理論』を批判するのは日本帰国（一九三八年）後のことである。

30 柴田「ケインズの『一般理論』に就いて」五三ページ。

31 柴田『経済の法則を求めて』八二ページ。

32 柴田敬『日本経済革新案大綱〔増訂第二版〕』有斐閣、一九四〇年、一〇〇ページ。

33 同右、一〇二-一〇三ページ。

34 同右、一〇八-一〇九ページ。

35 同右、一一七ページ。

36 作田荘一の思想に関する研究として、今井隆太「国民精神文化研究所時代の作田荘一」『社会科学研究科紀要別冊』（早稲田大学）第四巻、一九九九年、同「国民精神文化研究所における危機の学問的要請と応答の試み——藤澤親雄・大串兎代夫・作田荘一・河村只雄」『ソシオサイエンス』第七巻、二〇〇一年がある。

37 作田荘一『国家論』弘文堂、一九四〇年、一一五-一二二ページ。

38 柴田は「国家意志」など、作田の言葉を用いて世界の動きを説明している（柴田敬「資本主義と支那事変」『経済論叢』第四八巻第一号、一九三九年、一五四ページ）。

39 作田荘一『公社ノ創設』一九三九年（作田荘一『経済の道』弘文堂、一九四一年所収）。京都大学経済学部図書室所蔵のガリ版刷りの同書表紙には「康徳六年度建国大学研究院公社企業研究班研究報告（二）」と書かれている。

40 同右、八ページ。

41 同右、二〇-二一ページ。

42 柴田『日本経済革新案大綱〔増訂第二版〕』一〇ページ。

43 同右、三九ページ。

44 小野寺百合子『バルト海のほとりにて――武官の妻の大東亜戦争』共同通信社、一九八五年、七三ページ。

45 柴田『経済の法則を求めて』八二‐八五ページ。

46 田中直吉「思い出すままに」田中直吉先生追悼文集刊行委員会編『情念の人　田中直吉先生』、一九九七年所収、一二‐一三ページ。

47 柴田『日本経済革新案大綱〔増訂第二版〕』一〇二‐一〇三ページ。

48 石原莞爾『最終戦争論・戦争史大観』中公文庫、一九九三年、三六ページ。

49 柴田『日本経済革新案大綱〔増訂第二版〕』六八‐六九ページ。

50 原朗「戦時統制」中村隆英編『日本経済史七　「計画化」と「民主化」』岩波書店、一九八九年。

51 柴田『経済の法則を求めて』八五ページ。

52 座談会「世界最終戦論討議」（出席者は石原莞爾、黒田覚、石川興二、柴田敬、田中直吉）『改造』一九四一年七月時局版。

53 柴田敬『地球破壊と経済学』ミネルヴァ書房、一九七三年、一五四ページ。

54 京都大学経済学研究科・経済学部図書室の柴田文庫（柴田の旧蔵書）には、高坂、西谷、鈴木、高山の署名入り単行本版『世界史的立場と日本』（中央公論社、一九四三年）および高坂の署名入り『象徴的人間』（弘文堂、一九四一年）が所蔵されており、京都学派と柴田との交流を窺わせる。高坂や西谷のほか、田辺元らは海軍の要請と協力により定期的に時局を論じる会合を行なっていたが、同会合を記録した大島康正のメモ（大島メモ）には、昭和一八年三月二日の会合で生産増強の問題に関し「○経済の dynamik にふれざるを得ぬ。（田辺）○この辺で得られるいい人を得て話をきくこと。（西谷）○柴田氏の話をきくこと。○価格構成の理論」という記述があり（大橋良介『京都学派と日本海軍――新史料「大島メモ」をめぐって』ＰＨＰ新書、二〇〇一年、二七六ページ）、この「柴田氏」は前の「この辺で得られるいい人」という記述と合わせると柴田敬のことと思われる。

55 柴田敬「日本経済の再生産機構の研究のために」『経済論叢』第五二巻第四号、一九四一年、「日本の

『年々の生産物』の研究序説」『東亜人文学報』第一巻第三号、一九四一年。

56　柴田『経済の法則を求めて』八八ページ。高木惣吉の日記及びメモをまとめた伊藤隆編『高木惣吉日記と情報』（みすず書房、二〇〇〇年）には柴田に関する言及はされていないものの、高木は一九四一年一一月二三日前後に京都を訪れており、二三日の日記にメモ書きの形で「戦力ノ持久性　軍需物資ノ生産供給　国民生活ノ維持　労働能力ノ持続　国民精神ノ昂揚、堅持」また「十六年度　鉄、四七〇万屯（十五年三八〇万屯）　鋼、四七〇万屯　アルミ　七、四　石油　十六年度末　補完　〃　〃　三月分、軍需充当」といった記録を残している（『高木惣吉　日記と情報』下巻、五八〇－五八一ページ）。

57　渡部徹編著『京都地方労働運動史』京都地方労働運動史編纂会、一九五九年、一五四三－一五四六ページ。

58　柴田『経済の法則を求めて』九二ページ。大川周明は南京で柴田に会っており、昭和二〇年一月三〇日、二月二日の日記に柴田に関する記述がある（大川周明顕彰会編『大川周明日記』岩崎学術出版社、一九八六年、三六二ページ）。また木戸幸一は三月一六日の日記で「四時半、都留重人君、柴田〔敬〕博士を同伴、来訪、同博士より必勝施策案の説明を聴く」と記している（『木戸幸一日記　下巻』東京大学出版会、一九六六年、一一七八ページ）。なお都留は自伝『いくつもの岐路を回顧して』（岩波書店、二〇〇一年）で柴田の和平案について言及しているが、自身が木戸に柴田を紹介したことには触れていない。

59　山本勝市『計画経済の根本問題』理想社、一九三九年、自序一ページ。

60　座談会「偉大なる野次馬の盲点」（大宅壮一全集編集実務委員会編『大宅壮一読本』蒼洋社、一九八二年所収）における浅野晃の発言（七ページ）。

61　山本勝市『思い出の記』東京山本会、一九六三年、二－五ページ。

62　山本『計画経済の根本問題』自序三ページ。

63　田島錦治訳「ブルゲン氏の諸社会主義評論」『経済論叢』第二四巻第二－六号、一九二七年の「附言」には「仏蘭西巴里に留学中の経済学士山本勝市君は遥かに拙訳に対する賛辞を寄せられ……」（第二四巻第六号、八六ページ）という記述がある。

64 山本勝市『「経済表」に関する二つの論文』東京山本会、一九六一年、二ページ。

65 山本勝市「櫛田民蔵氏の経済表批評を評す」『内外研究』第一巻第一号、一九二八年、一六ページ。

66 山本勝市『計画経済批判』理想社、一九四一年、三八ページ。

67 山本『思い出の記』二八ページ。

68 ベルリン社会科学研究会については、加藤哲郎『ワイマール期ベルリンの日本人』岩波書店、二〇〇八年参照。

69 山本勝市『自由主義市場経済の擁護』東京山本会、一九六一年、二一ページ。

70 山本勝市「社会主義の実現性を疑ふ」『内外研究』第一巻第二号、一九二八年、一六〇 - 一六一ページ。

71 ハイエク、篠塚慎吾訳『社会正義の幻想（法と立法と自由Ⅱ）』『ハイエク全集』第九巻、春秋社、一九九八年。

72 山本勝市「社会主義経済秩序の吟味（一）」『思想調査資料』（文部省学生部）第一〇号、一九三三年。

73 同右、五ページ。

74 山本勝市「方向を誤れる統制経済論――産業人の生産及消費道徳」『日本及日本人』一九三六年六月号。

75 山本『計画経済批判』二九九 - 三〇〇ページ。

76 小泉信三「私とマルクシズム」『小泉信三全集』第一〇巻、文藝春秋、一九六七年、二七五ページ。

77 山本勝市『経済計算――計画経済の基本問題』千倉書房、一九三二年、二一〇 - 二一一ページ。

78 山本『計画経済批判』二一四ページ。

79 山本『経済計算』二四九 - 二五〇ページ。

80 『経済計算』で山本がソ連経済に関して参照しているのは Brutzkus, B., *Der Fünfjahresplan und seine*

Erfüllung, 1932. であり、『計画経済の根本問題』ではこれに Brutzkus, B., *Economic Planning in Soviet Russia*, 1935. が加えられている。

81 山本『計画経済の根本問題』三九四‐三九五ページ。

82 「かの五ヶ年計画遂行中のロシアの如きは、平時に於いてすら、重工業を発展する為に、国民は文字通り飢餓状態に陥つてゐたのである。しかも尚その窮乏によく耐へて、今日の如き重工業の隆盛をもたらし、世界の最大国防国の一つとなつたのである。この重大な使命と緊急なる非常時状態を認識せしめるならば、我国民は国家の為にこれ以上の生活難すら忍び得ぬことはないであらう」（本位田祥男『新体制下の経済』日本評論社、一九四〇年、二九八ページ）。

83 山本『計画経済の根本問題』二五五‐二五六ページ。

84 山本『計画経済批判』二五〇ページ。

85 山本勝市「資本主義と社会主義」『新経済学全集』第三一巻、日本評論社、一九四〇年、一五ページ。

86 山本勝市『笠信太郎氏「日本経済の再編成」批判』原理日本社、一九四一年、四‐五ページ。

87 ミシェル・フーコー、高桑和巳訳『ミシェル・フーコー講義集成〈七〉安全・領土・人口（コレージュ・ド・フランス講義一九七七‐一九七八年度）』筑摩書房、二〇〇七年。

88 山本『計画経済の根本問題』二五六ページ。

89 『日本改造法案大綱』巻四「国家ノ生産的組織」において北は、国家改造の結果作られる商業省が「国家生産又ハ私人生産ニヨル一切ノ農業的工業的貨物ヲ案配シ、国内物価ノ調節ヲナシ、海外貿易ニ於ケル積極的活動ヲナス」「国家ノ物価調節ハ一糸紊レズ整然トシテ行ハルベシ」（『北一輝著作集』第二巻、みすず書房、一九五九年、三一二ページ）としている。

90 山本勝市「北一輝著『日本改造法案』の検討」『北一輝著作集』第三巻、一九七二年所収、六三八‐六三九ページ。

91 山本勝市「電力民有国営案の批判」『日本及日本人』一九三六年一〇月号。

92 前田一男「国民精神文化研究所の研究――戦時下教学刷新における「精研」の役割・機能について

93 ――」『日本の教育史学（教育史学会紀要）』第二五号、一九八二年。皇道派の青年将校であった黒崎貞明は、二・二六事件時は満洲にいたため同事件首謀者や北一輝・西田税らとともに収監されながらも不起訴処分となって陸軍に復帰し、陸軍大学校入学後に山本に個人指導の形で「社会主義経済批判」と「ハイエックの経済学」を学んでいる。その後太平洋戦争後期に陸軍軍事資料部・参謀本部部員になった黒崎に対し、山本は「日本の生産は統制経済の強化によって、その指向する方向とは反対に、ますます跛行状態となり能率向上どころか下降の一途をたどっている。今、日本で一番必要なものは航空機生産だ。その分野にかぎって統制をはずしてみたらどうか」と提言している（黒崎貞明『恋闕』日本工業新聞社、一九八〇年、一二〇、三一〇ページ）。陸軍の旧皇道派と「現状維持」派が結びつく傾向にあったことは伊藤隆『昭和期の政治』山川出版社、一九八三年参照。

94 山本勝市「笠信太郎氏『日本経済の再編成』批判」『国民精神文化研究所所報』一九四〇年五―七月号、『計画経済批判』所収。

95 山本『計画経済批判』一八三ページ。

96 同右、二〇八―二〇九ページ。

97 同右、二一三―二一五ページ。

98 同右、三九三ページ。

99 山本勝市『マルクシズムを中心として』思想研究会、一九三〇年、一六九―一七〇ページ。

100 中村隆英・伊藤隆・原朗編『現代史を創る人びと（三）』毎日新聞社、一九七一年、七三ページ。

101 山本勝市『わが文章の思い出』東京山本会、一九六三年、三一ページ。

102 「経済新体制の歴史的様相（下）」『朝日新聞』一九四〇年一二月一〇日。

103 伊藤隆・季武嘉也編『鳩山一郎・薫日記』（上）中央公論新社、一九九九年、昭和一五年四月二九日、五月一七日、一〇月一六日、一一月九日、二四日、一二月一五日の日記。

104 同右、二〇六ページ。

105 山本『わが文章の思い出』三〇ページ。
106 山本勝市「計画経済の根本的欠陥」同『自由主義市場経済の擁護』東京山本会、一九六一年所収。
107 山本『わが文章の思い出』三一‐四〇ページ。
108 国立国会図書館憲政資料室蔵「山本勝市文書」整理番号一三三三「国民精神文化研究所時代」。
109 黒崎『恋闕』三一〇‐三二三ページ。
110 柴田『経済の法則を求めて』九六ページ。
111 柴田の戦後の政治活動については、拙著『柴田敬——資本主義の超克を目指して』第七章を参照。
112 石橋湛一・伊藤隆編『石橋湛山日記』(下)みすず書房、二〇〇一年、六九九、七〇四ページ。
113 「政争の底に両財政論」『朝日新聞』一九五二年七月八日夕刊。
114 「政策転換の要——石橋湛山氏談」『毎日新聞』一九五二年七月一〇日夕刊。この時期の石橋湛山の政治活動については、筒井清忠『石橋湛山——一自由主義政治家の軌跡』中公叢書、一九八六年を参照。
115 山本勝市「私の尊敬する経済学者　ルードウィッヒ・エアハルト——その人と政策」『経済時代』第二四巻第六号、一九五九年、ウィルヘルム・レプケ、山本勝市訳「ヨーロッパの繁栄とその教訓」『政策月報』一九六五年五月号、山本勝市「ＥＥＣとレプケ教授」『政策月報』一九七二年一二月号、山本勝市「反独占政策に対するハイエク教授の見解」『月刊自由民主』一九七四年一二月号など。
116 山本勝市「百貨店法案についての意見」『日本デパートメントストア協会通報』号外、一九五五年八月五日、小堀聡『日本のエネルギー革命——資源小国の近現代』名古屋大学出版会、二〇一〇年、一八四‐一八五ページ。
117 土井郁磨「自由主義経済への先見性——山本勝市の生涯から学ぶ」『月刊自由民主』二〇〇七年五月号、二九ページ。

第四章　思想戦のなかの経済学

思想対策の手段とされた経済学

戦前の日本ではマルクス主義が強い影響力を持っていた。マルクス主義はヘーゲルなどのドイツ哲学、スミス、リカードなどのイギリス経済学、そしてフランス社会主義思想を統合する体系的な思想として学生や知識人に受け入れられ[1]、現実に極端な貧富の差が存在する日本において、階級闘争を説くマルクス主義は実践の理論としても強い魅力を持つものだった。

しかし社会の変革を訴えるマルクス主義は、政府にとってはその統治を揺るがしかねない脅威であった。特にロシアで帝政が倒される革命が起きて社会主義国家が実現したことは、ロシアと同じ帝政の後進資本主義国であった日本でも社会主義革命が起きるのではないかという強い危機感を政府に抱かせる。政府は『共産党宣言』の翻訳出版を禁止する一方で内部資料としてこれを翻訳して研究していた。[2]

大正一四（一九二五）年に普通選挙法と抱き合わせで治安維持法が制定され、日ソ国交樹立と普通選挙によって進出が予想される共産主義者の活動を取り締まることを目的として「国体」の変革や私有財産制度の否認を目的とする結社の組織者と参加者を処罰することが明記された。同法は大正一五（一九二六）年の京都学連事件で国内で最初に適用される（朝鮮では既に前年に適用されている）が、特に昭和三（一九二八）年の三・一五事件（日本共産党に対する大弾圧）において専門学校以上の高等教育機関の在学者・卒業者・中退者が多数検挙されたことは、政府に強い衝撃を与えた。国家の中枢を担うべき人材を育てる高等教育機関から共産主義者として多くの逮捕者が出たことにより、文部省は東京帝大新人会や各大学の社会科学研究会を解散させるとともに共産主義運動に影響を与える「左傾教授」を処分するため各大学に圧力をかけ、東京帝国大学の大森義太郎、京都帝国大学の河上肇、九州帝国大学の向坂逸郎、石浜知行、佐々弘雄が辞職した（佐々以外は経済学者）。こうした文部省の強硬策には福田徳三が「神経興奮的態度」であり「深憂とせざるを得ぬ」と強く批判するなど輿論の反撥もあったが、[3]さらに文部省は枢密院や議会の「思想国難」に関する強い危機感を背景として、各学校で「思想善導」を行なうための学生主事・生徒主事の増員と学生課の新設を進めていく。[4]

こうした三・一五事件への対応の一環として同年八月一日から一四日まで、文部省の主催により第一回思想問題講習会が開催され、各学校の学生主事、生徒主事、教授講師等が聴講した。

同講習会では「共産党事件と建国の精神」「仏教の組織」「儒教倫理綱要」などマルクス主義に対抗しうると考えられた思想についての講演が行なわれたほか、当時東京帝国大学経済学部教授だった河津暹《かわづすすむ》が「経済上より見たる思想問題」という題で講演を行なっている。河津は、社会主義が情愛を持たない他人からなる社会と家族とを同一視することや、「今日は値段と云ふものに於て或る程度までの［生産と消費の］調節が出来て居るのでありますが、所謂社会主義の社会になつたならばさう云ふやうな調節がどうして出来るものであらうか」[5]といった疑問を提出して社会主義を批判している。河津は「外国に於ける此［社会主義］問題の論争のやうにそれを実行した暁に於てはどうなるかと云ふやうなことに就ての議論は、私が寡聞であるかも知れませぬけれども、日本なんかにはさう聞えて居らぬやうに思ふのであります。……向ふでは其議論が喧ましいのでありまして、其模様を見ると社会主義の議論をして居る方の者が甚だ不利益なる立場に居るのであります」[6]と述べており、欧米における社会主義の実現性を巡る論争（第三章の山本勝市がとりあげた社会主義経済計算論争）にも関心を示していたことが窺える。河津は社会主義について「事柄の善い悪いを論ずるに先立つて実現することのできる性質のものでない」[7]（傍点原文どおり）とする見方から、「次善ではあるけれども、今日の社会問題の或は社会思想の解決方法としては、即ち社会政策を措いては外にはないのだと云ことを信じて疑はない」[8]として社会政策の重要性を訴えている。

河津の講演内容は社会主義について実現可能性などの問題点を冷静に指摘したうえで、資本主義の弊害を修正していくために社会政策を行なうことを説く穏健なものであったが、これ以降、経済学が重要な位置を占めるマルクス主義に対抗するために多くの経済学者が動員されていくことになる。そこで期待されたのは、マルクス主義の中枢を占めるマルクス経済学への批判と、マルクス経済学に代わる説得力を持つ経済学の構築であった。特にマルクス主義のみならず西洋思想一般に対する排撃の動きが強まってくると、日本の「国体」に基づく「日本経済学」を作り上げ、個人主義に基づくとされた「西洋経済学」を排撃することが主張されるに至った。経済学は西洋思想に対する「思想戦」の手段となったのである。

『国体の本義』の経済思想

文部省は、昭和七（一九三二）年八月二三日に国民精神文化研究所を設立する。同研究所設立前には「外来思想特ニマルキシズムノ批判的研究」が意図されていたが、実際の研究はマルクス主義の「苗床」と考えられた個人主義・自由主義の否定が重視された。[9] 研究所内には研究部と事業部とが置かれ、研究部の経済科では「日本国民経済学の確立」が研究目標とされたほか、事業部では小学校教員の思想対策（教員研究科）と転向学生（研究生）の指導（研究生指導科）が行なわれた。教員研究科では「日本精神ノ哲学的解釈」「国民精神教養ノ原理」が各五〇時間の講義であるのに対し「日本国民経済ノ諸問題」が八〇時間と、経済についての講義が重視された。

国民精神文化研究所事業部で研究生指導科主任になったのは第三章でとりあげた山本勝市である。山本を招いたのはやはり第三章で登場した、京都帝国大学経済学部教授で同所員を兼任していた作田荘一であった。より正確に言うと、和歌山高等商業学校で生徒主事をしていた山本を文部省が国民精神文化研究所所員候補として選び、作田が文部省から依頼されて山本を同研究所所員に招いた。経済自由主義者の山本は作田が統制経済論者であったので最初は辞退したが、作田から一緒にやっているあいだにうまくいくだろうと説得され、また東京という場所に魅力を感じていたので引き受けたという。[10] 山本はその後研究生指導科主任として大学・高校・専門学校の学生生徒で思想上の理由で学籍を失った者の指導矯正、いわゆる転向を促す仕事を精力的に行なっている。

山本は「「マルクシズムは理論として間違ひのないものだ」と信じてゐる人が世の中に存外多い。従つてさうした人々の多くは、「理論的の転向等はあり得ないもの」の如く信じて居る様である。だが併し、それは大きな誤解である」[11] としてマルクス主義の理論的批判を通じた転向を行なおうとしていた。転向者が転向するのは「理論をすてたからではなくて、家庭の事情、殊に肉親の恩愛にほだされての結果が多い」が、「理論としてマルクシズムの正しさを信じて居る間は、一般に憂鬱であ」り、「理論と実践との矛盾にせめられて、充分には朗かになりきれない」。したがって「それが真に朗かになりうるのは、マルクスの理論としての誤謬を明確に把握して後の事である」。

マルクスの理論の誤謬が明白となるにつれて、当然その理論としての魅力がなくなる。而してかゝる誤謬のために、自己の一生を捧げ、親兄弟のそれ迄も犠牲にして、と決意して行動をつゞけた過去の自分が、低い小さな存在に見えてくる。すでに批判を把握した現在の自己は、マルクスに盲従しつゝあつた過去の自分や現にそれをつゞけてゐる同志達よりも一段とより高い立場にある事が自覚される。そこでこびりついてゐた没落者の気持は一掃されて、なほ目覚め得ない「彼等」がむしろ気の毒になり、出来得れば、皆で救つてやりたいといふ意思が如実に動き出す。[12]

したがってマルクスの理論がそもそも間違いであることを納得させることが転向において重要になる。山本は研究生が読んだ本として、マルクス批判者である経済学者（小泉信三、高田保馬、ベーム＝バヴェルクなど）の著書、そして山本自身の『経済計算』などを挙げている。また山本が挙げた「研究生達の語る所によ」る「理論的転換のモメントの主なるもの」は次のとおりであり[13]、研究生に対して経済計算問題などマルクス主義の理論的な批判を中心とした指導を行なっていたこと、そしてそれが効果を上げていたことが窺える。

一、生活態度についての自己反省
一、ロシアの現状についての認識、殊にその理論的解明

一、経済計算の視点からの市場経済と計画経済の吟味
一、マルクス経済体系の根本たる価値論の吟味
一、経済に於ける自己責任の原理の重要性
一、社会主義的教育による利己衝動排除の可能性に対する疑
一、資本主義の社会主義への移行説の吟味
一、計画経済と自由の関係の吟味
一、日本歴史の特殊性の認識

また山本は同研究所が全国で行なっていた国民精神文化講習会で「経済」「思想問題」「ソヴエートロシアの現状批判」などの題目で講演している。[14] 同講習会のほか文部省は「思想善導」のための特別講義を各地で開催し、マルクス批判者として知られていた高田保馬も参加している。後に高田は講義などの文部省の仕事に周辺の反対を押し切って情熱を持って参加したものの、「この通俗講演はたしかに私のマルクス分析の思索を粗雑にしたやうに思ふ」と反省し、「満洲事変直後から思想界の情勢一転、日本精神だけを思想対策にするに及び、専門でない事情から講演を遠慮する事になつた[15]」。高田は後に「理論的研究の奨励によつて高き水準の学問を樹立し、それによつて自らマルクス主義を衰滅せしむることではな」く、「日本精神の高調によつて理論的検討を無価値なりとする」思想政策について「私はこれを以て正しき思想政策なりと考へることは出来ぬ」と批判した[16]が、現実の思想対策はまさに「日本精神の高調」のみ

に力を注ぎ、日本精神に基づく「日本経済学」をマルクス主義を含む「西洋経済学」にとって代えようとすることを目指してゆく。

昭和一〇（一九三五）年に起きた天皇機関説問題に対応して、「国体明徴」のため文部省は『国体の本義』の編集にとりかかる。国民精神文化研究所の経済学者としては『国体の本義』編纂委員として作田、編纂調査嘱託として山本が参加している。[17] 実際の執筆は編纂委員の意見をある程度取り入れつつ編纂調査嘱託メンバーと文部省担当者によって行なわれ、山本はかなり熱心に執筆に参加したようである。[18] ただ、実際の『国体の本義』の「経済」の項では山本の持論である経済自由主義に基づく「封建時代に於て、職業は漸次固定し、経済は著しく硬化したために、産業の発達には見るべきものが少なかつた」といった内容のほか、「我が国民経済は、……国民を挙げて「むすび」の道に参じ、各人その分に従ひ、各〻そのつとめを尽くすところのものである」といった「むすび」（生産、創造）の精神と「分に従」うという統制経済的な内容も強調されており、[19] 当時「国の経済に於て「むすび」の道を根幹とすること」[20] に基づき統制経済を主張していた作田の意見がかなり反映されたものになっている。

政府の「国体」についての公式見解である『国体の本義』の経済に関する部分が作田と山本という河上肇の関係者によって執筆されたことは興味深い。なお、このように異なった立場の意見が混在しているのは、経済自由主義者の山本の意見と統制経済論者の作田の意見とを調整できなかったことに加え、『国体の本義』が文部省の昭和一一年度予算で作られたため、年度内に本を刊行するために大急ぎで編纂されたことによる。[21]ともあれ『国体の本義』は昭和一二（一九三七）年春に刊行され、全国の学校などに配布されたほか市販され、戦時体制下における「聖典」化が進んでいく。

さらに文部省は昭和一三（一九三八）年に「国体明徴」の一環として「国体、日本精神の本義に基」づく経済学の発展や振興を目標とする日本諸学振興委員会第一回経済学会を開催している。同大会では一部の経済学者――第三章の柴田敬を含む――が盛んに「西洋の経済学」や「純粋経済学」を批判し、「政治経済学」「日本経済学」の樹立を訴えた。しかし同大会について学生新聞では「イヤに長つたらしい名前の会が開かれた」「要するに「国体日本精神の本義に基いて」上は大学から下は小学校に至る凡ゆる経済学者の頭を徹底的に改造しようといふのがポイントなのである」と皮肉に満ちた表現で報道された。[22]多くの経済学者や学生にとっては、経済と「国体」は関係のないものであり、経済学に「国体」や「日本精神」を取り込もうとする文部省による試みは成功しなかった。

ただ、「国体明徴」が叫ばれ、マルクス主義・自由主義の排撃が主張される時代には、経済学そのものは「国体」「日本精神」とは直接関係しなくとも、少なくとも反体制的なものではないことを示す必要があった。しかし問題は「国体」そのもの、より経済問題に即していえば日本の経済政策の理念が曖昧なことにあった。国民精神文化研究所に統制経済論者の作田と経済自由主義者の山本がおり、両者が『国体の本義』編纂に参加していたのはその典型例といえる。それゆえ、総力戦下の経済政策をめぐり、経済統制を強化するのか市場メカニズムを生かしていくのかをめぐり激しい論争が展開され、それが「国体」をめぐるイデオロギーと結びつき「思想戦」が展開されることになる。

「純粋経済」と「政治経済」の対立

『改造』の昭和一六（一九四一）年五月号に「日本経済の基底――研究討議――」と題する座談会の記録が掲載されている。出席者は東畑《とうはた》精一（東京帝国大学農学部）、中山伊知郎、大熊信行、岸本誠二郎、杉本栄一（東京商科大学）の五人である。

座談会では、まず大熊が一国の経済財を公共設備、生産設備、軍事的設備、国民の生活設備と分けて合理的なバランスをとっていくことを主張するが、中山は経済財を区分する原理は何かと質問している。大熊は「結局は皆経済的なものに行くんではなく、経済を越えて、国富とか、国力とか云ふより外ないやうなものによつてのみ、統一されるものとして考へなければならぬかと思ふんです」と、経済を超えた外部の存在を考慮して財を配分することを訴えるが、中山は「問題をさう一躍広い所に持つて行かないで、一応は経済的な問題として考へるべきではないかと思ふんですネ」[23]として、あくまでも経済内部の問題として考えることを主張する。杉本が大熊に国家総力を測る基準は何かと質問すると、大熊は「一国の産業全体の構造を意味した意味での資本内容といふことが問題になつてきて、……その国を超えた周囲の地域関係、国際関係全体、それから仮想敵国までこれに入れて、初めて、その判断の基準が揃つて来る[24]」と述べるものの、どのような基準で国力を測定し経済財を配分していくのかについては最後まで曖昧なままである。

杉本は大熊に近い立場から発言をしており、「経済と政治」を独立に考えるよりも「と」を除いた「政治経済」という立場から考えることが必要ではないかと主張する。これに対し、東畑は「経済が変つた、と言ふけれども、事実はさうでなくて寧ろ経済活動の条件が変つた……といふだけの問題であつて、それに色々と形容詞をつけるのは、一寸面白いけれども、経済の問題そのものは変つてゐないんではないか[25]」と疑問を呈するが、杉本は「経済に対して、条件と考へられるものが、実は外から与へられたんではなくて、自分が自分に与へる条件だこんな風に、政治経済学者は考へるわけです。そんな立場から行くと、条件が変つたといふことは、経済の本質に変りがないんだと、言ひ切れない問題があるわけですネ。……それをわれわれから云へば、政治経済の内容が変つて来たんだ、と、斯う言ふわけです[26]」として、改めて「経済」を超えた「政治経済」の立場を重視することを訴えている。

中山は「経済」か「政治経済」かという議論について、「なぜ政治経済といふやうな漠然たることを言つてゐるんですか。いま政治といふものが戦争といふ形態を取つてゐるんでせう。その場合になぜ戦争経済とか、戦争といふことを言つちやァいけないんですかネ[27]」と批判し、戦争に焦点を当てることで「一番初めの大きな問題もはつきりするし、経済をどつちに引つ張つて行くか。利潤統制の問題でも、統制のテクニックの問題でも焦点がはつきりして来ると思ふんです。それならやることが沢山ある。経済学の範囲を出ないでやれることが沢山あると思ふ」と、戦争という目的を明確にすることで手段としての経済学を有効に利用できることを強調する。これに東畑も「出ないのみならず、全く純粋経済学の立場に立つ。さうしなければ戦争経済といふものは成立たないんだ」と賛同している。

この後座談会の内容は経済学のあり方からはやや離れていくが、ここまでの論点をまとめると、経済以外の条件を与件とし、与件の変化に応じて経済問題を解決するためには経済内部の論理を明らかにする「純粋経済（学）」が必要（そしてそれがあって初めて戦争経済が成り立つ）とする中山・東畑と、経済を超えた「政治経済」の立場から統一的に論じるべきだとする大熊・杉本が対立している。なお岸本の発言は少ないが中間的な立場といえる。

ただその対立点は、現在の視点から見れば、経済学を現実に生かすための方法論をめぐる対立であり、座談会出席者の政治的な立場からの対立とはいえない。座談会出席者の現実との関わりという点でも、第二章でとりあげたように中山は陸軍秋丸機関に参加しており、中山、大熊、岸本はそれぞれ海軍のブレーンであり、大きな違いが存在したわけではない。

問題は、本来は方法論の違いに過ぎない論争がきわめて政治的な意味を帯びることになった点にある。現在から見れば方法論上の違いとしか見えない論争は、現実の政治対立を反映した、あるいは反映しているとみなされていたものだった。

方法論としての「純粋経済学」

「純粋経済学」という言葉はワルラスの『純粋経済学要論』(一八七四年)に由来するが、日本で社会的に「純粋経済学」という名称を広めたのは中山伊知郎である。シュンペーターに学んだ中山は、シュンペーターが『理論経済学の本質と主要内容』(一九〇八年)で行なったのと同様に、経済理論としての「純粋経済学」と経済理論の対象にならない外部のものとの違いを明確にすることを主張した。人間の勢力意志を一般均衡理論に取り込もうとした高田保馬の「勢力経済学」に対して、経済理論の自律性を守る立場から批判し[28]、一般均衡理論の解説書である『純粋経済学』を岩波全書から出版した(昭和八〔一九三三〕年)ことは、中山を「純粋経済学」の代表的存在として有名にした。『純粋経済学』は経済学の入門書として広く普及し、昭和一六(一九四一)年の学生生活調査でも専門学校(高等商業学校を含む)において、ヒトラー『我が闘争』、倉田百三『愛と認識との出発』などと並び「よく読まれる本」に含まれている[29]。

しかし中山は単に経済学の自立を目的として「純粋経済学」を提唱したわけではなく、「純粋経済学」はあくまでも経済学を手段として確立するための方法論であった。『純粋経済学』序で「この小著の目的は経済現象を理解する手段としての理論をのべることにある[30]」と冒頭に記されているとおり、中山にとって一般均衡理論は複雑な経済現象を「理解する手段」であり、

中山伊知郎　『経済学の基礎理論』口絵より

「絶対的のものでないこと云ふまでもな」く、「たえず現実の観察によつて補整せられねばならない」ものであった。

後に「純粋経済学の理論から実際政策への足がかりを模索していた」[31]中山は、ケインズ『一般理論』に対するロバートソンの書評[32]中にあった「安定と進歩」という言葉を手がかりとして経済政策の問題に関わっていく。中山は昭和一四（一九三九）年から二四年にかけて東大法学部で経済政策の講義を東畑精一とともに担当するが、回想で「安定と進歩という一本の骨が入らなかったら、この講義にはあれだけの熱が入らなかったに相違ない」[33]と述べている。「日本経済の基底」における中山の発言（「経済をどつちに引つ張つて行くか」「統制のテクニックの問題」）にはそうした政策志向がよく現れている。中山は戦時中、陸軍秋丸機関や海軍のブレーン・トラストなどの一般には知られない活動だけでなく、科学動員の促進のために政府によって設置された財団法人調査研究動員本部[34]でインフレーション研究に参画するなど[35]、経済政策の場に深く関わるようになる。昭和一九（一九四四）年の時点で中山は「現在日本に於て戦争経済を理論的に指導して居る学者の一人」とみなされるようになった[36]。

ただ「純粋経済学」という言葉が広まり、また経済政策に関与することの多くなった中山が座談会や評論で経済問題を経済の内部の既存の論理を用いて解決するよう主張したことは、資本主義の行き詰まりを政治によって打破することを主張する側からは、「純粋経済学」を現状維持的であるとする批判をもたらした。中山の当初の意図を大きく離れて「純粋経済学」という言葉が独り歩きしたことが問題を引き起こしていく。

イデオロギーとなった「純粋経済学」

資本主義を批判し、政治によって経済を統制することを主張する論者にとっては、「純粋経済学」は資本主義を代表する経済学であり、経済統制が進められる時代においては超克されるべき存在であった。超克すべき「純粋経済学」の代わりに持ち出した体系はさまざまであったが、「純粋経済学」が資本主義を代表する経済学として攻撃される点では変わりはなかった。昭和一六（一九四一）年に安井琢磨は「怪訝に耐えず滑稽とさへおもはれる」こととして、「純粋経済学」の批判者が「その積極面において何一つ共通な理論的地盤をもつてゐさうにないのに、その消極面においては不思議にも一致して純粋経済学……に対して呪文を投げかけ十字を切り、さうしてときには神経質とおもはれる位に白い眼をむく」[37]ことを挙げている。

現在の経済学を正統なものとみなす立場からすれば、戦時期に「純粋経済学」を擁護する発言を行なうことは非合理的な精神主義に抵抗したものと評価される。個々の経済学者についてはそうした評価は確かに妥当するが、社会的には必ずしも単純に割り切れるものではなかった。「純粋経済学」が資本主義の経済学というレッテルを貼られるに従い、逆に現行の資本主義制度を維持することを主張し経済統制論者を「アカ」と攻撃する側は「純粋経済学」を持ち上げることになる。

瀧川事件や天皇機関説問題などで知識人攻撃を繰り広げた右翼思想家の蓑田《みのだ》胸喜《むねき》は著書のなかで前述の座談会「日本経済の基底」をとりあげている。蓑田は大熊信行の主張については「綜合的で示唆に富む思ひ付きはよいが、肝心の経済学的見地からの焦点が定まらず従つて全体を客観性を保つて分析綜合する論理が欠けてゐる」と否定的であり、「この討論は結局中山氏の所論に留めをさゝれた形である[38]」として、中山伊知郎が述べた「純粋経済学」や「純粋経済主義」の擁護等は「経済本来の領域及び経済学の見地に立つての主張として正しい[39]」と評価している。

河合栄治郎など自由主義者を激しく攻撃した蓑田が、なぜ「純粋経済学」「純粋経済主義」を評価しているのだろうか。もう少し蓑田の主張を検討してみよう。

蓑田はまず、欲を持つことは人間の本性であり、日本人の祖先は「出家遁世、煩悩断絶の小乗仏教を日本化し「煩悩を断ぜずして涅槃を得る」大乗仏教を国民実生活の上に生かしむるを得た」として、「今日「新体制」と称しつゝ、個人的欲望、私心を滅却しなければ臣道実践の職分奉公をなし得ずといふものは、七百年前の小乗仏教的旧思想に逆転せむとするものである」[40]（以下傍点原文どおり）と主張する。このように蓑田の直接の攻撃目標は新体制運動である。

それはさておき、蓑田によれば「綜合的国策の立案遂行の当局者」は「超利害超打算的見地から判断し行動すべき」であるが、経済の統制は「人性の自然から経済そのもの、うちに働く法則に従ふことによつてのみ合目的的に行はれ得る」ものであり、「経済そのもの、うちに働く特定法則を無視して企画せらる、ところの政治的あまりに政治的なるまたは道徳的あまりに道徳的なる経済政策は必ず失敗に終る[41]」と断言する。

よって「今日の統制経済や経済計画が真にその所期目的を達成し得るためには、……経済そのものに自然固有の法則をあるがまゝに究明することが先決用件で、こゝに経済学の学的任務があ[42]」り、「政治新体制のためには政治学が、経済新体制のためには経済学が今こそ真にその本来の学的使命任務を果さねばならぬ時である[43]」。つまり蓑田の主張からすれば経済学の純粋性は維持されなければならない。

腐敗宗教や頽廃芸術の事実も生命ある真の宗教や芸術の復興創作をこそ要求すれ、宗教や芸術そのものを廃止せよといふ論理を成立せしむるものではない。その如く従来の経済が行き詰つたとしてもそこに要請されるものは経済の廃止ではなくて時代に応じた真の経済であらねばならぬ。それが政治道徳の頽廃の結果である場合には、正しい政治や真の道徳の復興令活こそが切要である。『純粋経済主義』の提唱はこの意味で経済及び経済学の内部に於いては正しい。警戒し厭離し排撃すべきはその逸脱、歪曲または僭上である[44]。

こうした蓑田の主張には既にとりあげた山本勝市の影響もあると考えられる。山本は昭和一四（一九三九）年に、社会主義経済計算論争の研究により、高田保馬・中山伊知郎の推薦[45]によって東京商科大学から経済学博士号を授与される（主査は中山）一方で、蓑田の主宰する原理日本社の同人三井甲之《みついこうし》の指導を受けて東京帝国大学法学部を攻撃していた右派学生団体の日本学生協会とは親しい交流があり、昭和一五（一九四〇）年には同協会の主催した合宿に蓑田・三井とともに参加し、統制経済批判の講義を行なっている。[46]蓑田は、後期の著書や講演で山本の主張を基にして社会主義・統制経済批判を行なっている。[47]

また蓑田は、昭和八（一九三三）年の『学術維新原理日本』において、ヴィルヘルム・ヴントの心理学に基づき「生産力、即ち道具機械の発明改良が知的に比較的卓越した個人の創見考案によることは前述のとおりであるが、それには人間精神生活の第一次的直接産物としての言語を媒介として多数個人の知識経験が相互に交換せられ、かくして知識経験が社会的歴史的に綜合集積せられ、その結果「三人よれば文殊の智慧」といふ諺によつて暗示せらるゝ如き精神活動が行はれる」ことを指摘して、こうした精神や言語の分析を欠く「マルクス主義唯物史観」を批判している。[48]蓑田自身がこうしたハイエクの「社会知識論」を思わせる思想を持っていたこと、さらに「外在的なもの」を排し「内在的なもの」を重視する思考方法をとっていたことが[49]、政治による経済の外部的な統制を批判し経済内部の論理を重視する「純粋経済主義（学）」の擁護につながっている面がある。

ただ社会的に見れば、蓑田が新体制運動を批判する目的、つまり現行の資本主義体制を守る目的で「純粋経済主義」を擁護したように、経済の「純粋性」を認めるかどうかの判断は、経済統制が進展していくなかで政治的な立場を決定するものとなっていた。経済学として「純粋経済学」を支持するか否かという議論は、それ自体では方法論の違いに過ぎないが、「政治的なもの」が支配する時代には、必然的にどのような政治的立場を選ぶかという議論に変質せざるを得なかった。

仮に中山が『純粋経済学』ではなく、『経済原論』または『理論経済学』という書名で一般均衡理論を紹介し、普及に努めたならば、「純粋経済学」が資本主義（当時の文脈で言えば自由放任主義）の象徴という形で批判されたとは考えにくい。木村健康《たけやす》は戦後、戦時中に流行した「戦争経済学」を強く批判し、一般均衡理論という共通基盤のもとに統合されつつある世界の理論経済学界への積極的参加を主張しつつも、中山を念頭に置いて「「純粋経済学」における「純粋」の意味に対する誤解や「一般均衡」概念の方法論的意義についての誤解をとくに十分の努力が払はれたとは云へない」[50]と苦言を呈している。

経済学の「政治化」と「革新派」の登場

金融恐慌・昭和恐慌は既存の経済体制に疑問を投げかけ、一方で満洲事変や日中戦争の勃発による経済統制の進展は国家の経済への介入を正当化する論理を必要とした。世界的に見ても、イタリア、ドイツのファシズムやアメリカのニューディール政策、ソ連の第一次五ヵ年計画など、政治によって経済が主導される時代になったという印象を強くした。これにより、経済あるいは経済学の「革新」は軍部やジャーナリズムにより盛んに主張され、従来の経済学は西洋由来の自由主義的、個人主義的経済学であるとしてこれを批判する「政治経済学」「日本経済学」さらには「皇道経済学」の構築が叫ばれるようになる。[51] 東京帝国大学経済学部では自由主義の排撃を主張し、「政治経済学」「日本経済学」などの構築を訴える土方成美《ひじかたしげよし》・本位田祥男ら「革新派」が外部の支援も得て力を伸ばし、理研コンツェルンの総帥の大河内正敏の援助も受けて講演や雑誌発行等の実践活動も行なっていた。「革新派」は東大だけでなく、第三章でとりあげた京都帝国大学経済学部の柴田敬など、日本各地の大学・高等商業学校の経済学者も含んでいた。[52]

東京帝国大学経済学部で「革新派」と対立した河合栄治郎は、「革新派」を念頭に置いて、「非常時局に狂奔する学徒のなかには（私は敢て特定の人々を指してゐるのではない）、中年にして既に理論の研究に倦怠を覚えたもの、当面の状勢に及ぼす実際的結果のみに興味を持つもの、或は時流に棹して功名を得やうとするものがないとは云へない[53]」といった厳しい評価をしている。ただ河合の評価は「革新派」との派閥争いから書かれている面があるので割り引いて考える必要がある。

河合と対立した「革新派」のうち土方は、財政学者として「租税負担の国民所得に対する関係、財政の国民経済中に於て占める重要さを判断する手掛り」を得るために、日本で最初の本格的な国民所得推計を行なったことで知られている。[54] 本位田は消費組合運動に関する多くの著書[55]がある、戦前の協同組合理論の第一人者であり、その影響により消費組合運動に参加した人物は多く、[56] 戦後も農業協同組合、生活協同組合運動における理論的指導者として長く活動しており、日本の生活協同組合運動史では賀川豊彦などと並んで先駆者として位置づけられている。経済を政策によって修正していくことに対する関心が高い経済学者にとって、ケインズの一九二六年の著書『自由放任の終焉』の題名に示されているような、経済の自律的な動きを政治によって管理しようとする経済そして経済学の「政治化」という大きな流れは、自分たちの主張に時流が追いついたという感を抱かせるものだった。

ただ、「政治経済学」「日本経済学」「皇道経済学」と自称した経済学の多くはナチスドイツのイデオローグ的存在だったゴットル＝オットリリエンフェルトの「形成体」（人間が共同生活をするうえで主体として形成する統一体）を基にして全体主義的経済学を提唱したり、[57] あるいはマルクスその他の社会主義思想を当時の用語を用いて表現を改めたうえで利用し、統制経済を基礎付けようとしたものであり、独自の内容に乏しいものであった。その多くは掛け声や方法論の提示にとどまり、個々の経済学者をみれば、結局既存の政府の方針や社会の風潮を支持する結果となった。多様な「政治経済学」「日本経済学」「皇道経済学」のほとんどは安井琢磨が指摘したように「非・純粋経済学」という点でのみ一致するものであり、共通の明確な論理や体系は存在しなかった。

「純粋経済学」の重要性を訴え続けた中山伊知郎は、昭和一七（一九四二）年の世界経済理論報告会で、「政治経済学」の側に新しい経済理論があるなら教えてほしいと過去十年来繰り返しているが、「いまだに資本についても物価についても、況や国際貿易についても、何等の答弁に接しない」と批判している。[58] 純粋に学問上の立場に立てば、「純粋経済学」を批判する経済学は「わけのわからない経済学」「時局への迎合」であったという評価ができる。だが「純粋経済学」が経済の自律性や方法論的個人主義を重視したものであれば、それは当時の政治的状況からいって否定されるべき自由主義・個人主義を反映したものとして批判されることになった。政治的対立が社会に浸潤するなかでは、経済学は外部のさまざまな条件に左右されることになるのである。

大熊信行の「政治経済学」――ラスキン評価と形式論

東京帝国大学経済学部における、大内兵衛らを中心とするマルクス経済学グループ、河合栄治郎らの自由主義グループ、土方成美・本位田祥男らの「革新派」グループの三つ巴の争いは、経済学を巡る政治的対立と派閥争いが合わさって収拾不能になり、昭和一三（一九三八）年には人民戦線事件第二次検挙（教授グループ事件）により大内兵衛らマルクス経済学グループが逮捕され（第二章参照）、昭和一四（一九三九）年に平賀譲総長の裁定によって河合と土方が休職処分になり、これに伴い本位田祥男ら「革新派」教授の多くと河合派の山田文雄・木村健康が辞職する（平賀粛学）[59]。土方や本位田はその後日本学術振興会で実証的な研究に参加したり（第五章参照）、大政翼賛会などで現実の経済統制に参加するようになり、アカデミズムの経済学の内部では「政治経済学」の構築を訴える主張は弱まっていく。一方、ジャーナリズムの場では前述の座談会「日本経済の基底」にも登場した大熊信行が盛んに「政治経済学」の樹立を主張するようになる[60]。

大熊の思想の基礎となっているのは、ヴィクトリア期イギリスの美術評論家・社会思想家のジョン・ラスキンである。大熊は河上肇のラスキン研究を読んだことを契機として経済学研究を志すようになる。河上は『貧乏物語』後、社会改革を目指す経済学の二大潮流として社会主義の経済学と人道主義の経済学があり、前者の代表にはマルクス、後者の代表にはラスキンがいるとして、ラスキンを社会改革の思想家として高く評価していた[61]。大熊は東京高等商業学校専攻部の福田徳三ゼミに入る際の面接でラスキンの研究を希望し、卒業論文は「社会思想家としてのカーライル、ラスキンおよびモリス」であり、最初の著書はこの卒業論文を改稿した『社会思想家としてのラスキンとモリス』（昭和二〔一九二七〕年）であった。

大熊信行　『富山大学経済学部五十年史』より

ラスキンは『藝術経済論』『この最後の者にも』『ムネラ・プルヴェリス』などの著書において、リカードやJ・S・ミル等の既存の経済学をmercantile economy（商業の経済学）として批判し、これに代わるpolitical economy（国家全体の経済学）を提唱している。ラスキンのポリティカル・エコノミー論は、統治者が労働を管理して「適材適所」に配分し、そして国民による「適切な消費」が行なわれることで社会は富を生のために有益に使用することができ、最大多数の幸福な人間を養う理想的な国家を建設することができる、とするものであった。[62]大熊は初期の研究においてはラスキンの社会観や実践活動については否定的であり、むしろ「我等にとつて究竟的に必要なことは、ラスキンが陳べたところを考へることではなくして、ラスキンが見たところのものを我等みづからの眼を以て我等の現実の中に見ること」[63]、つまりラスキンの問題意識を現実の日本社会において見ていくことを主張した。

ただ、多様な内容を含むラスキンの思想のなかでどこに注目していくかで、実際に社会に対してどのような主張をもって臨んでいくのかは大きく異なってくる。大熊は『マルクスのロビンソン物語』（昭和四〔一九二九〕年）において、稀少な財や時間の配分を行なうのが経済学であるという「配分原理」――ライオネル・ロビンズの「経済学とは希少な資源の用途選択の問題である」という定義に類似したもの[64]――を展開しているが、これもラスキンによる「政治による労働の適切な配分」「富の有益な使用」といった思想から離れるものではない。

また、大熊は昭和初期には短歌革新運動や文藝・映画評論に力を入れる歌人・評論家としてジャーナリズムで活躍した。無用の漢字を廃し口語体を用いることで短歌を生活の実感に近づけていこうとする主張や、小説や映画といった当時の大衆文化を積極的にとりあげるその姿勢は、ラスキンの思想における「藝術と生活との不可分性」が反映されているとも見ることができる。そして日中戦争が勃発し、統制経済や生活合理化が現実化していくなかで、ラスキンのポリティカル・エコノミー論、特に国民を訓練し国家経済の適切な部分に適切な資源を配分していくパターナリズムと「生の再生産」を営む場である家庭経済とに焦点が当てられていく。

昭和一四（一九三九）年、大熊は改めてラスキンを論文でとりあげている。

……かれ［ラスキン］はいふ、「政治経済学はたゞ有用快適な事物を最も適当な時と場所とにおいて生産し、保存し、分配するにある」と。いまもし、「最も適当な時と場所とにおいて」といふ右の一句を、「最も適当な時と場所とそして分量とにおいて」と書き改めるならば、問題の理解と展望とはまさに隔世的に一変する次第である。「分量」といふ二字の挿入は国民的な経済配分の課題を表象するからである。この配分の課題はこれを市場性における自然的調節にゆだねべ《ママ》きか、政治行政的な意志的調節として遂行すべきかといふ一般問題こそ、政治経済学者があらゆる力を傾けて答へなければならない問題であり、この問題の内包する諸問題のなかに命を賭すべき問題のあることを感ぜざるをえないのである。[65]

資本主義的な退廃を打破し、「よりよき生」を送るためには、国家が資源の適切な配分を行ない、生の再生産の場である家庭における合理化（適切な生活）を進めていけばよいという主張は、かつての大熊のラスキン評価と比べかなり楽観的なものとなっている。ラスキンがヴィクトリア朝のイギリスで繰り広げた資本主義批判は、資本主義、そして近代の超克を訴える当時の日本の風潮とうまく合致するものであった。大熊は同論文の最後で「近代経済学の財貨学的性格から脱却し、そして言葉の真に厳密な意味における「政治経済学」の理念を樹立したものはラスキンである」として高く評価し、ラスキンの「ポリティカル・エコノミー」論を参考とし、またプラトンの政治論（哲人が生産者や防衛者を支配する）に基づき新しい統一的な学問体系としての「政治経済学」を作ることを主張する。[66]

ただ大熊の主張する「政治経済学」は政治の力による財や労働の「適切な配分」を主張する一方で、中山伊知郎や杉本栄一、そして蓑田胸喜によって批判されたように体系性・具体性に乏しいといわざるを得ないものだった。国家全体に財や労働を「適切に」配分していくためには、どのような基準で配分を行なうかという技術論が絶対に必要になり、技術論がなければただの形式論でしかない。同じ福田徳三門下で計画経済の研究に取り組んでいた山田雄三《やまだゆうぞう》（東京商科大学）は、大熊の主張について「私が不満に思ふ点は、その説題の仕方が「計画経済は経済配分の問題に帰着する」といふ形で提出されて、決して「それが如何に決定されるか」といふ形で提出されてをらぬ、といふ点である」[67]と欠点を正確に指摘していた。そして技術論が存在しないままに「〜べき」という主張が可能な大熊の「政治経済学」は、ただあるべき姿を強調するだけで体系や具体論を欠いた主張の繰り返しにならざるを得なかった。

難波田春夫の「日本経済学」——神話・風土と講座派マルクス主義

一方、大熊と論壇で全面的に対立したのが東京帝国大学経済学部助教授だった難波田春夫《なにわだはるお》[68]である。土方成美門下だった難波田は、ドイツ新歴史学派の経済学者ゾンバルトの『三つの経済学』を通じて、マックス・シェーラーの哲学における、必然の原理により動かされる物質とそれを変容させる精神との区別に関心を抱く。[69]さらに難波田はゾンバルトの『ドイツ社会主義』を翻訳し、「訳者序言」で「ゾンバルトは、いまや本書に於て「方向を示す経済学」の立場に立ち、経済についての「如何にあるべきか」を、いや、さらに広く、国家、経済に関する「済《すく》ひの知」を論じようとするのである」[70]と解説した。

難波田はゾンバルトの思想に強い影響を受けつつ、経済を方向づける「理念」を見出そうとした。難波田は哲学者の西晋一郎《にししんいちろう》による、人間生活の倫理は民族の祖先（先王、祖宗）が建立した教えという形をもって語られる「神話」として現れるとする主張と、和辻哲郎が『風土』（昭和一〇〔一九三五〕年）で展開した風土論を元に、経済を方向づける理念として神話を、経済の構造を把握する原理論として風土を重視し、ギリシャ・中国・日本の神話（『古事記』『日本書紀』）と風土論の研究を進めていった。

難波田春夫　『早稲田社会科学研究』第15号より

難波田によれば、日本の経済を規定する自然は「島嶼的、火山脈的、列島的、モンスーン的なる諸特徴」をもち、降水量が多いため、日本民族の祖先は稲作に従事し、それにより土着的になる。こうした土着的関係により親子関係に主体をおく「家」が成立する。次に、国土は幾多の山や川によって区劃され、多くの「くに」即ち「郷土」に分かれていた。「わが祖先の共同体的結合」は、第二にはこの「郷土」によりなされる。しかし、祖先は以上のようなさまざまな部分に分かれながら、それらのすべてを包括して、天皇を唯一の究極的な血縁的、精神的統一の中心とするという神話を構成することで、「最も純粋に統一せられた類ひなき民族国家」[71]に成長した。

こうした構成を持つ日本民族は明治維新までは農業中心の経済を営んできたが、欧米資本主義の侵略による植民地化の危機に対して明治維新が起こり、殖産興業策のもとに資本主義的産業を取り入れていく。しかし資本主義的産業が発達しても、日本固有の国家構造の存在により階級的分裂は抑えられ、資本主義社会の問題は緩和された。さらに、日本では現実の政治が変化したとしても、「現実の国家とは別に、神話として、理念としての国家が、厳然として、しかも単なる観念としてではなく、他ならぬ至尊なるものとして具体的にその上に立ちつづけ、分裂せんとする現実の国家を、たえず統一の方向にひき戻した」[72]（傍点原文どおり）。以上を踏まえ、難波田は「来るべき経済学は、「国家と経済」の問題を、とくに日本の「国家と経済」の問題として、追求しなければならぬと信ずる次第であります」[73]としている。

以上のような神話と風土による日本経済の説明に加え、ゴットル＝オットリリエンフェルトの「形成体論」を加えて明治以降の近代日本の発展を分析したのが『国家と経済』第四巻「現代日本経済の基礎構造」（日本評論社、昭和一六〔一九四一〕年）である。以下はその内容である。

西洋資本主義の包囲下に開国した日本は急速に近代的産業を装備することで防衛をしなければならず、この必要から発展した近代的産業として軍事工業・重工業・化学工業などの系列と紡績業・製糸業・織物業などの系列とが存在する。第一の系列を発展させるための政府の経費を担ったのが、きわめて高率の地租を負担した農業であった。また第二の系列は、農村から低賃金労働者が豊富に供給されたことで発展してきた。一方で農村は、「明治政府がその地租収入を確保するため、その源泉としての小作料を高率に維持する必要があった」[74]ため高率な地代が維持され、高率地代から生じる資本が近代的工業に供給された。一方、高率地租と地代に圧迫された農民は離村して都市の近代的産業の労働者となるか子女が労働者となって家計を補助することになり、低賃金労働者を供給した。

農民が高率地租・地代に耐えることができたのは彼らが日本固有の民族構造のなかにあるこ

とで共同意識のもとに助け合ってきたからであり、また農家の子女の労働力が家計を補助するために提供されたのは、農村に家・郷土という共同体的関係が根強く存在してきたからであった。そして、こうした民族構造は都市のなかにも農村出身者によって持ち込まれ、都市の健全さを保ち続けている。さらに、日本は天皇を中心としてただ一つの血縁的・精神的統一体を形成しており、日本の郷土は日本固有の構造を有する国体のなかに包摂されることにより、一つの共同関係のなかに置かれ、きわめて強靭な統一体として存続してきた。

したがって「現代日本の経済は、その基底にわが国固有の民族構造を有することによつて、一方では、経済の発展を自由経済に於けるより以上急速ならしめるとともに、他方では、経済の矛盾の激化を著しく抑へた[75]」。そして「外国資本主義の東亜よりの排除といふわが国の使命もまた、この民族構造の強化によつてはじめて可能となるであらう[76]」。

端的にいえば、この『国家と経済』第四巻は、講座派マルクス主義の代表的著作である山田《やまだ》盛《もり》太《た》郎《ろう》の『日本資本主義分析』（昭和九〔一九三四〕年）の内容を裏返しにしたものである。『日本資本主義分析』では、「ナポレオン的観念」つまり天皇制を支えるための重工業・軍事工業（鍵鑰《キイ》産業）を作り出すための資金を生み出すために高率地租が課され、また農村の家長的家族制度に基づく半封建制が経済外強制によって高率地代を搾取し、農村における「半隷農的零細農耕」を生み出すとともに、そこから工業に流出する労働者が多く賃金水準がきわめて低く抑えられていることで軽工業における「印度以下的労働賃金及び肉体消摩的労働条件」が生

1月20日発売　新装刊ラインナップ

101

ポストモダンの「近代」

――米中「新冷戦」を読み解く

田中明彦
政策研究大学院大学学長

「新しい中世」から二〇年余。権力移行は平和裡に進むのか。気候変動、貧困問題に世界は対応できるのか。国際政治の現在と未来像。

978-4-12-110101-3
●1500円（税別）

102

建国神話の社会史

――史実と虚偽の境界

古川隆久
日本大学教授

神の子孫が地上に降りて日本を支配した――。統治の手段として、神話を「史実」とした巨大な建前に、戦前の人々はどう向き合ったのか。

978-4-12-110102-0
●1400円（税別）

103

新版　戦時下の経済学者

――経済学と総力戦

牧野邦昭
摂南大学准教授

二つの世界大戦という総力戦の時代、経済学者たちの主張はどのような役割を果たしたか。それは戦後体制へどんな影響を与えたか。

978-4-12-110103-7
●1400円（税別）

今後の刊行予定　次回は3月10日3点刊行、以降は隔月10日に刊行

論点整理 天皇問題　御厨 貴 編
神道の誕生　伊藤 聡
〈嘘〉の政治史　五百旗頭 薫
平成の経済政策　土居丈朗 編著

中央公論新社　http://www.chuko.co.jp/　〒100-8152 東京都千代田区大手町1-7-1
☎03-5299-1730（販売）◎本紙の内容は変更になる場合があります。

じているとされる。したがって農村における半封建制と天皇制は打倒されるべき存在であり、日本の中枢となる重工業・軍事工業において「陶冶」(訓練)されるプロレタリアートが「旋回」=revolution=革命の担い手となることが期待されている。[77] これに対し、難波田の『国家と経済』第四巻では家・郷土・国体という三重構造、講座派マルクス主義的に言えば家長的家族制度・半封建制の残る農村・天皇制の存在が逆に日本経済を発展させたものとして積極的に肯定されている。難波田は天皇制を打倒することを意図して書かれた山田盛太郎の『日本資本主義分析』を換骨奪胎――より正確にいえば資料や論旨の展開を借用[78]――したうえで、日本経済は天皇を中心とする「国体」によって支えられてきたとする全く逆の「日本経済学」を作り上げたのである。

現在の視点から見れば、講座派マルクス主義の日本資本主義分析は戦後の開発経済学における、発展途上国において在来部門から近代部門への労働の無制限的供給によって近代部門が発展していくという二重構造モデル(ルイス・モデル)の先駆けとして理解できる。[79] ただ、当時の日本は欧米以外に資本主義体制のもとで経済発展を遂げた世界で唯一の国であり、そのような当時としては特殊な経済発展がなぜ可能だったのかを説明するため、ほかの国とは違う「天皇制」ないし「国体」といった要因が持ち出されることになった。アメリカの日本研究者アンドリュー・E・バーシェイは、「講座派の特殊主義的見方はそれ自体、日本の社会科学の展開全体を条件づけた「国民共同体」ないし「家族国家」という支配的ヴィジョンを否定的に反復するものであった」[80]と指摘している。日本の資本主義に独自の「型制」を認めた講座派マルクス主義は結局のところ、日本の特殊性に基づく「日本経済学」を準備してしまったのである。

日本の特殊性という呪縛

『国家と経済』第四巻を発展させた難波田の最終的な経済学では、民族構造・純粋経済・政治的統制の三つによって経済は構成されるが、経済の存在構造の最奥の根柢はあくまでも「家・郷土・国体」という三重の人倫関係をなす民族構造である。[81]そして、民族構造のなかにある主体としての国民は家や郷土において人倫関係を取り結ぶ一方、「天皇を中心とする血縁的・精神的統一体」に含まれる皇国民としてひたすら天皇に奉仕する存在である。[82]日本経済はこうした「家・郷土・国体」という強固な三重構造を基礎としてきたからこそ、明治維新以来の外国資本主義の圧迫に耐え、今や外国資本主義の撃攘へと向かっているとする。

こうした難波田の「日本経済学」は当時かなり注目を集めたようである。建築家の浜口隆一は戦時中を振り返り、「丁度難波田春夫という人の「国家と経済」という物凄く右翼ばりの本が出ていたりした頃で私自身も国民建築様式という神がかりのようなものを書いて[83]」おり、「あの頃［戦時中］、保田与重郎とか難波田春夫といった右翼論客の著作が出ていましたが、丹下［健三］さんはこれらをいち早くキャッチして、薬籠中のものとし、それを建築作家としての仕事の面で、創作的に打ちだしてきました[84]」と、難波田を日本浪曼派の文藝評論家の保田與重郎と並ぶ当時の代表的な「右翼論客」として挙げるとともに、戦後を代表する建築家になる丹下健三が保田や難波田に影響を受けていたとしている。丹下は戦後、難波田については言及していないが、保田に魅力を感じていたことは認めている[85]。

難波田は「日本経済学」が有名になることで論壇で活躍するようになるが、そこで説いたのは、国家の「戦力」を増強していくうえで「家・郷土・国体」の三重構造を維持していくこと、そして人倫関係を取り結ぶ主体としての国民の精神を強化していくことであった。難波田は農村共同体を維持するための自作農の創設[86]や、適正規模の工場を農村に分散させ工場と農村が共存共栄する「農工共栄圏」を形成すること[87]などの施策も主張しているが、全体としては、企業について「帰一し奉る中心を共通にしてゐる[88]」資本家と労働者は本来対立する存在ではないので企業を「事業一家」として運営すること、教育と為政者の率先によって国民が「心身の一切をあげて、たゞ一途に　天皇に仕え奉る[89]」ことが必要であり、「わが国の国力はこのやうな「君民一体」の理想状態が生じたとき最高度のものとなる[90]」と主張するなど精神論を強調する。難波田は自身の主張の要点を「分りやすくいふなら、生産力を増強するための一番肝腎のことは、生産にたづさはる働く人間が、みんな仲よくして楽しく働くことである、それより他に途はないといふことなのです[91]」としている。

こうした難波田の主張を現在の視点から神がかり的なもの、観念論として切って捨てるのは簡単である。ただ問題は、多くの論者が無意識のうちに難波田の説いた「日本経済学」の内容と似た主張を行なってしまうことにある。

東京帝国大学経済学部で難波田の同僚だった大塚久雄の戦時下の主張はその一つの例である。大塚の西洋経済史研究において、農村における毛織物工業などの発展とそれを基礎とする中産的生産者層・産業資本の展開が特権的都市商人層・問屋制資本と対抗していくという「農村工業論」は中核的位置を占めているが、特に当時の日本においては戦時経済の進展に伴い都市工業の地方への分散や農工関係の調整をめぐり「農村工業問題」が盛んに論じられており[92]、大塚も農村工業が工業生産力の拡充を招来することを主張していた[93]。また、戦時中に発表された資本主義精神に関する論文において大塚は、営利を追求するために禁欲的な諸徳性（自発心、勤労、質素など）を追求することがすなわち道徳的完成への途であるというエートス（倫理的雰囲気）であり、そのなかに資本家や労働者が含まれていくことで資本主義精神が完成すると主張していた[94]。さらに大塚は時論において「生産力増強の基柢には何よりもまづ「人間」の問題が現存するのであり、また、一見迂遠に見えて「国民」精神（エトス）の「生産力」的錬成が生産力増強方策として隅の首石たる重要性を有つのである[95]」としてエートスを問題とすることが生産力増強につながるとしていた。そして「諸「国民」のエトス（経済倫理）は、それぞれ「国民」によつて、さまざまに異なる歴史的性格を具へてゐる」ため、「生産力増強の諸方策がそれぞれ良きものであるか否かの判定のためには外国の事例がすぐれた他山の石となりうる事は勿論であるが併し何よりも先づ、吾が「国民」自身のエトスを、吾が「国民」の示す反応の類型的な仕方を探求し、諸方策が生産力増強を現実に招来しうるや否やを見通すことが必要となるであらう」として、日本固有のエートスをもっと研究することを説いていた。大塚の総力戦下のいわば「動員」の思想については近年いくつかの研究によって注目されている。[96]

大塚の主張を難波田のそれと比較すれば、労働者も資本家も含む精神的統一体（天皇を中心とする精神的・血縁的統一体と倫理的雰囲気としてのエートス）、奉仕する唯一の対象の存在（天皇と神）、特殊性の強調（特殊限定の経済学と各国ごとに異なるエートス）、生産力増強における農村の重要性の強調、組織よりも精神の問題を重視するなどの類似点が見られる。もちろん、難波田が「現実を説明する場合に、合理的なものだけを持つて来て説明出来ないとすれば、非合理的なものを持つて来なければならない」[97]として非合理的なものの存在を認める経済学を構築しようとしたのに対し、大塚が当時の非合理的な精神主義に抗して合理的態度を生み出す資本主義精神を称揚したという大きな違いが存在する。しかし、二人の主張に共通するのは人間の精神への着目であり、精神の基底となる農村の重視であった。難波田の主張はある意味では「エートスとしての国体」を論じるものであり、「資本主義精神」に代わるエートスとして天皇を中心とする血縁的・精神的統一体としての「国体」を位置づけるものであった。事実、難波田は資本主義精神と比較して経済における精神の問題の重要性を強調していた。[98]

また、戦後の自伝で難波田を「〔太平洋戦争の〕開戦をあおり立てていたもの」「戦争中の「便乗の徒」」[99]と強く批判した森嶋通夫は、『なぜ日本は「成功」したか？』（昭和五九〔一九八四〕年）において日本経済の発展の要因の一つを「日本の会社は温情主義的であった。社員相互間や、社員と経営者のあいだには一家主義的連帯感が支配的であり、会社は事実、一つの大きい家族であった[100]」ことで生じた年功序列賃金や終身雇用制に求めている。さらに丸山眞男は、日本人の歴史意識の「古層」を汲み取ることを可能にする基礎として「われわれの「くに」が領域・民族・言語・水稲生産様式およびそれと結びついた聚落と祭儀の形態などの点で、世界の「文明国」のなかで比較すればまったく例外的といえるほどの等質性を、遅くとも後期古墳時代から千数百年にわたって引き続き保持して来た、というあの重たい歴史的現実[101]」をとりあげている。

日本の特徴として企業における家族主義や日本文化の等質性がとりあげられたことは、戦後の思想が難波田の「日本経済学」、あるいは難波田が参考にした講座派マルクス主義――日本の特殊性をあらかじめ想定し、そこから日本の経済、社会の特徴を説明する――に代表される思考法から逃れるのが難しいことを示している。「日本経済学」は現在でも我々の思考を呪縛していると考えることもできる。

自由と統制のダブルバインド

難波田春夫の「日本経済学」からすれば、「家・郷土・国体」の三重の人倫関係とは直接関係しない経済統制や企業組織の改革といった問題は二次的なものとなり、「僕はどんな組織をつくつても結局は駄目だといふやうな感じを持つのです。私は問題は結局組織の問題でなく人の問題だと考へる」[102]として、経済の変革に著しく消極的になっていく。そして「組織の変革なしには主体の変革が不可能であるとする考へ方」は昭和研究会型の「マルキシズムの考へ方を、そのまま踏襲するもの」であり、「主体が変り、主体のこころが変つたとき、はじめて組織のなかに新しい意味が生じ、かくしてまた組織そのものの根柢からの革新が実現する」[103]として、自身が講座派マルクス主義の影響を受けていることを棚に上げて、経済統制の強化や組織変革を訴える主張をマルクス主義であると攻撃するに至る。

人倫を構成する主体としての個人はいても、政治を行なう主体は存在しない難波田の「日本経済学」は、財や労働の適切な配分という政治を行なう国家の存在を前提とする大熊信行の「政治経済学」とは相容れないものであった。大熊は難波田の主張を「自由主義的な、許しがたいもの」[104]であるとして激しく批判したが、難波田の主張が結局は現状擁護論であったことを考えれば、「自由主義的」という評価はある意味では妥当なものであった。しかしこのような批判により、大熊は昭和一七（一九四二）年の大日本言論報国会理事就任前後、「国内思想戦」を標榜していた評論家集団から激しい攻撃を受けるようになる。「国内思想戦」の背景は明らかになっていない面も多いが、当時統制経済のイデオローグとなっていた大熊への攻撃は京都学派の哲学者への観念右翼からの攻撃と密接に関係していた。[105]終戦直後の文章で大熊は当時の状況を次のように振り返っている。ここで大熊が「日本経済学なるもののたちばにゐる学者」「日本の国体を盾とする資本主義擁護論」と言っているのが難波田である。

戦争体制の強化といふたてまへにおいて、実際には資本主義体制のなんらかの前進的な変更を目標とする論議がすゝめられ、しかもこれにたいして、一部の日本経済学なるもののたちばにゐる学者が、現状維持的な態度をとるやうになつたとき、自分はこれをもつて争ひにあたひする問題だと直感した。日本の国体を盾とする資本主義擁護論。——それが低級きはまる右翼的な俗論だらうと、その根本の性格にさうゐがあるのではない。自分はこれを批判しつくさねばならぬとこゝろにきめた。しかるにその仕事はたちどころにして反撃にあひ、自分の一論をさして、大逆思想であると呼ばはるものがあらはれた。つづいて自分をさして、天皇陛下万歳といふことを信じない人間だといふものがあらはれた。さいごに、それらのひとびとがあひ会して自分をのゝしる座談会が、一誌上にあらはれた。自分ははじめて包囲陣のなかにあることを、そしてその包囲陣の一翼は大日本言論報国会につながつてゐることを、承知した。[106]

難波田は「純粋経済学が国体を忘れてゐる、随つて間違つてゐるといふことは非常にはつきりするのでありますが今非常に盛んになつてゐる政治経済学さへ説いてをれば、それで国家主義になつてゐる、愛国者の仲間入りが出来る。かういふ風に考へてゐる者があれば、それも非常に間違つてゐると思ひます」と、「純粋経済学」「政治経済学」をともに「国体」を考えない経済学であると批判し[107]、大熊について名指しで仲間とともに攻撃していた[108]。

「純粋経済学」「政治経済学」への批判に対し、「純粋経済学」を守ることを主張していた中山伊知郎が難波田への批判を行なっている。中山は昭和一七（一九四二）年一一月の「世界経済理論報告会」の席上で難波田の主張が講座派マルクス主義に依拠していることを示唆した。

曾つて我国には日本経済の「後進性」を強調し、この点にのみ日本経済の特色を認めようとする左翼傾向の論者がありました。教授［助教授］の説は若し積極的な面が附加されねば結果に於てそれに近いものとなるのではないかとさへ思はれるのであります。

難波田はこれに対し「全然中山先生の誤解でありまして、私は少くとも本の中で後進性といふ考へ方を打破する為に努力してゐたことをお答へしておきたい[109]」と回答しているが、難波田にとっては痛い指摘であった。

結局のところ、現状の資本主義を維持することを主張するにせよ、政治の力によって総力戦体制を構築するため資本主義を変更することを主張するにせよ、反対勢力からの攻撃を受けることは避けられなくなった。仮に「国体」に基づく経済を構築することを主張していても、その実質的な内容によって「アカ」あるいは「資本主義擁護論」と批判されることになったのである。

京都帝国大学経済学部教授だった石川興二をめぐる事件は経済学における「思想戦」に巻き込まれた代表例である。河上肇の有力な弟子であるとともに西田幾多郎の哲学にも影響を受けた石川は『新体制の指導原理』（昭和一五〔一九四〇〕年）において、中世の封建社会を基礎づける全体主義、近世の資本主義社会を基礎づける個人主義が統合される現代に至って初めて「自覚的に全が個を生かし個が全に尽すところの今日正に要請されつゝある人間的自覚的な共同体を実現し得る」[110]として、新体制下において資本主義を克服し、経済と政治組織を「天皇中心の国民共同体」のなかの職分共同体・生活共同体等に再編成していくことを主張した。さらに石川は、私有財産制度は明治以後にヨーロッパから輸入された資本主義の根幹を成す制度であるとし、「天皇中心の国民共同体」では変更されるべきであるとした[111]。これに対し、昭和一八（一九四三）年二月の第八一回帝国議会衆議院予算委員会で『新体制の指導原理』について、マルクス経済学の資本回転運動を説明している点[112]と、私有財産制の変革を訴える主張を取り締まりの対象とする治安維持法を批判している点が攻撃され、石川は京大経済学部を休職処分となった[113]。

結局のところ、経済学がイデオロギーの役割を果たした戦時期には、経済をめぐる論争はそのままイデオロギー論争と化すことになった。つまり、資本主義原理の変革を伴う経済統制を主張するにしろ、市場の重視を訴えるにしろ、何を言っても「マルクス主義者」「アカ」そうでなければ「自由主義者」「資本主義擁護論」として批判されるというダブルバインド状態が生じることになった。これは政治上の「革新」派（大正時代以降に登場した日本の各種制度の改造を主張する立場：社会主義者や革新官僚、革新右翼）と「現状維持」派（明治以降の体制を維持することを主張する立場：財界や政党関係者、観念右翼）との対立が解消されないままに戦争に突入していった日本の政治的状況を反映したものであったが、そうした政治的対立が経済論争に持ち込まれたことでイデオロギー論争が生じ、経済政策に関する客観的な論争が少なくともジャーナリズムの場では不可能となったのである。大熊は戦後、「日本経済学の問題が本質的に政治的な問題であつて、たんなる対象論でも方法論でもないこと、また、たんなる理念論でもありえないことは、自分が初手から感知してゐたことではあつたが、それがかういふ結果になるだらうとは想像できなかつた」[114]と述べている。

イデオロギーからの自由？

終戦とともに「政治経済学」「日本経済学」の確立を訴える主張は消滅する。終戦直後の昭和二〇（一九四五）年一一月に安井琢磨は、「わが国の経済の根柢に家・郷土・国体といふ三重の民族構造なるもの」を認め、「八紘為宇といふ肇国の精神にもとづいて、西洋資本主義を東亜から駆逐する」ことを主張した「ある日本経済学者」（明らかに難波田春夫のこと）を例にして戦時中の「政治経済学」「日本経済学」を厳しく批判すると同時に、「近代経済学」を徹底

安井琢磨　『安井琢磨著作集 第一巻』口絵より

して研究することを主張した。

今日の急務は、政治経済学者や日本経済学者によつて戯曲化された「純粋経済学」の偏見を脱して学問的水準の落差を埋めるやうに真剣に努力することでありこれによつてロンドン、ケムブリッヂ、ハーヴアード、シカゴ等のごとき学園と共通な地盤に立つて日本の学問的寄与を語りうる日を一日も早く招来することである。この際たとへばワルラスやパレートに深く沈潜せずしてそこらに転がつてゐる解説書に基いて均衡理論をお手軽に把握したり、流暢ではあるが問題の多い邦訳を一読してマーシアルが判つたやうな顔をすることは、とくに警戒せられねばならない。けだし今日必要なのは近代経済学の表皮を掻くことではなくしてその内奥に徹すること、理解から味解へ認識から体認へ進むこと、さうしてこの立場において学問的公共世界における我々の貢献を考へることでなければならないからである。[115]

大熊信行は昭和二二（一九四七）年、大日本言論報国会理事であったことを理由として公職追放令を適用されている。翌年、大熊は戦時中の自分の言動を自省した随筆「告白」において次のように述べている。

社会主義や民主主義のみが、近代の社会思想を達成するのじやない、国家主義もまた、おなじ理想にむかつてすゝむことができるのだ、という見解。それは時代の条件に強いられることで生じた希望的観測にすぎず、歴史的現実の手がるな主観化にすぎなかつた。それはいまではわかつている。そのような主観化を、最も無雑作に手つだつたものが、自分の場合にはプラトン的な国家観だつたこと、そしてプラトンの血をひいたラスキンが自分のすぐうしろにおつたこと。それもいまではいやというほどわかつている。（中略）あのような現実を政治的に主観化し、それをまた個人的にいろいろと主観化することで、思い思いに、そのなかに理性の要求をたゝきこむというのは、そうすればするほど、まちがいを大きくするばかりだつたのだ。[116]

プラトン＝ラスキン的に政治の力で資源を適切に配分していく「ポリティカル・エコノミー」は一元的な政治指導体制が確立されていて初めて可能となるものである。実際には陸軍、海軍、財界、官僚、政治家、宮中といったさまざまな主体により主導権争いが行なわれていたのが戦時期の日本の姿であった。大熊が「政治経済学」により統一的視点からの資源配分を訴え続けたのはこうした多元主義的状況の克服を意図するものでもあったが、多元主義的状況のなかで政治の一元化を主張すれば、結局は主導権争いに巻き込まれ、「敵―味方」の政治的対立に呑み込まれざるを得なかったのである。

難波田春夫は終戦直後、東京帝国大学経済学部を辞職し、翌年には公職追放となった。戦後難波田は、国家と経済についての「はるかに完全な体系がすでにヘーゲルによつて展開せられてゐた」こと、「ヘーゲルは、経済と政治と国家との間に、動かすべからざる弁証法的な内面関係を把へてゐた」ことに気付き、[117]アダム・スミスからヘーゲルを経てマルクスに至る社会思想史研究を基に経済社会学の研究を進めていく。大熊と難波田は追放解除後は大学で教鞭をとる一方で評論家として活動している。[118]

実際の戦時中の経済政策の分野で活躍したのが「純粋経済学」の重要性を訴え続けた中山伊知郎であり、中山が陸海軍や政府から協力を求められたことに代表されるように、「政治経済学」「日本経済学」は経済政策を行なうための道具としては直接役立たないものだった。ただそれは総力戦下において、資本主義原理への変更を行なうのか、資本主義を活かして戦力を強化するのかといった論争においてイデオロギーとして強力な役割を果たすことになった。安井琢磨が「戯曲化された「純粋経済学」の偏見を脱」することを訴え、「近代経済学」の「内奥に徹すること」を訴えたのは、このようなイデオロギーとしての経済学からの脱却を意図してのことだった。

ただ、果たして「近代経済学」はイデオロギーから自由な存在だったのだろうか。次章ではこの問題をとりあげる。

1　筒井清忠『日本型「教養」の運命』岩波書店、一九九五年。
2　玉岡敦「『共産党宣言』邦訳史における幸徳秋水／堺利彦訳（一九〇四、一九〇六年）の位置」『大原社会問題研究所雑誌』第六〇三号、二〇〇九年。
3　福田徳三「笛吹かざるに踊る」『東京朝日新聞』一九二八年五月八日。
4　荻野富士夫『戦前文部省の治安機能——「思想統制」から「教学錬成」へ』校倉書房、二〇〇七年、三二‐四〇ページ。
5　河津暹「経済上より見たる思想問題」文部省専門学務局編『現代の思想と其の動き』所収、宝文館、一九二九年、二八六ページ。
6　同右、二七八ページ。
7　同右、二二〇ページ。
8　同右、三一九ページ。
9　荻野『戦前文部省の治安機能』九三‐九四ページ。
10　国立国会図書館憲政資料室蔵「山本勝市文書」整理番号一三三三「国民精神文化研究所時代」。
11　山本勝市「思想学生指導の実際」『社会政策時報』第一五四号、一九三三年、二四六ページ。
12　同右、二四六ページ。
13　同右、二四七ページ。
14　「国民精神文化講習会実施状況（抄）」一九三四年、『現代史資料四二　思想統制』みすず書房、一九七六年所収。
15　高田保馬『思郷記』文藝春秋社、一九四一年、一二四‐一二五ページ。高田の文部省関係の講義への

参加状況は前掲「国民精神文化講習会実施状況（抄）」および「特別講義制度（一九三〇 - 一九三四）」『現代史資料四二　思想統制』所収を参照。
16 高田保馬『民族と経済　第二集』有斐閣、一九四三年、三七〇ページ。
17 荻野『戦前文部省の治安機能』一八九ページ。
18 科学研究費成果報告書「日本近代史料情報機関設立の具体化に関する研究」（基盤研究〔B〕〔一〕、平成一一・一二年度、代表者伊藤隆、課題番号：一一四九〇〇一〇）における貝塚茂樹氏の発言。
19 文部省思想局『国体の本義』一九三七年、『戦後道徳教育文献資料集二　国体の本義／臣民の道』日本図書センター、二〇〇三年所収、一三六 - 一三九ページ。
20 作田荘一『我が国体と経済』〔文部省〕教学局、一九四〇年。
21 志田延義『昭和の証言（志田延義エッセイシリーズ1）』至文堂、一九九〇年、三六 - 三八ページ、植村和秀「『國體の本義』対『日本文化の問題』——國體論をめぐる闘争」『産大法学』第五〇巻第一・二号、二〇一七年、四六ページ。
22 「日本経済学への道」『一橋新聞』昭和一三年一〇月一〇日。
23 座談会「日本経済の基底」『改造』一九四一年五月号、五七ページ。
24 同右、五九ページ。
25 同右、六四ページ。
26 同右、六四 - 六五ページ。
27 同右、六五ページ。
28 中山伊知郎「経済均衡理論の本質と価格勢力学説」『経済学研究』第一巻、一九三二年、『中山伊知郎全集』第一集所収等。
29 海後宗臣・吉田昇『学生生活調査』日本評論社、一九四三年、二一〇ページ。
30 中山伊知郎『純粋経済学』岩波全書、一九三三年、序一ページ。
31 中山伊知郎『わが道経済学』講談社学術文庫、一九七九年、一八ページ。

32 Robertson, D. H., "Some Notes on Mr. Keynes' General Theory of Employment," *The Quarterly Journal of Economics*, Vol. 51, No. 1 (Nov., 1936), pp. 168-191. 後半に "I am not persuaded that Mr. Keynes' attempt to close the gap in the classical system has much bearing on the difficult art of getting the best of both worlds, the world of progress and the world of stability."(pp. 186-187) という表現がある。安部大佳「D・H・ロバートソンと中山伊知郎博士――「安定と進歩の経済学」生誕の経緯に関する覚書」『龍谷大学経営学論集』第四五巻第二号、二〇〇五年も参照。

33 中山『わが道経済学』一九ページ。

34 広重徹『科学の社会史（下） 経済成長と科学』岩波現代文庫、二〇〇三年、四四ページ。

35 中山伊知郎「私の年譜」『中山伊知郎全集』別巻、講談社、一九七三年、九ページ。

36 大野信三『戦争と計画経済』大東亜経済研究所事務局、一九四四年、一三ページ。

37 安井琢磨「政治経済学の問題」『帝国大学新聞』一九四一年七月七日。

38 蓑田胸喜『国防哲学』東京堂、一九四一年（『蓑田胸喜全集』第六巻、柏書房、二〇〇四年、一〇三ページ）。

39 『蓑田胸喜全集』第六巻、一〇四ページ。

40 同右、九六-九七ページ。

41 同右、九八-九九ページ。

42 同右、一〇〇ページ。

43 同右、一〇二ページ。

44 同右、一〇五ページ。

45 山本勝市『わが文章の思い出』東京山本会、一九六三年、二六ページ。

46 小田村寅二郎『昭和史に刻むわれらが道統』日本教文社、一九七八年、一二九-一三一ページ。

47 蓑田は『国防哲学』で山本の著作『計画経済の根本問題』を参考文献に挙げてソ連の共産主義を批判している（一〇八ページ）ほか、講演記録「共産主義思想の検討」（一九四一年、『蓑田胸喜全集』第六巻所収）で「共産主義の理論といふものは、山本博士の言葉を以ってすれば、計画経済をやるといふことは根本的の間違ひであつて……」（三五ページ）と山本に言及している。そのほか、山本には言及していないが「計画経済の根本問題と物価政策」（『原理日本』一九四二年八月号、『蓑田胸喜全集』第六巻所収）は題名及び物価の重要性を訴える内容が山本の『計画経済の根本問題』を参考としていることは明らかである。

48 『蓑田胸喜全集』第三巻、二二四ページ。

49 蓑田の思想については竹内洋・佐藤卓己編『日本主義的教養の時代』柏書房、二〇〇六年を参照。

50 木村健康「理論経済学の新課題」理論社編集部編『近代理論経済学とマルクス主義経済学』理論社、一九四八年所収、七〇ページ。

51 当時の「政治経済学」「日本経済学」等の文献については、板垣與一『政治経済学の方法』（日本評論社、一九四二年）所収の「参考文献（邦文）」が詳しい。日本の「政治経済学」とナチス経済思想との関係については柳澤治『戦前・戦時日本の経済思想とナチズム』岩波書店、二〇〇八年、「皇道経済学」についての近年の研究には小野耕資『資本主義の超克——思想史から見る日本の理想』展転社、二〇一九年がある。

52 「「革新社」とは予ねてから革新派の街頭進出の噂が現実化し、昨年七月本位田教授を中心として、田辺・中西二教授之に加はり「革新社」の結成となつて現はれたものである。而も此の革新社は只に帝大教授のみならず、他大学・高商の経済学部の教授、助教授五十余名を網羅して、学界に残存する自由主義の徹底的粉砕と国家主義の高調、思想的・経済的挙国一致体制の確立を主張するのだ、としてゐる。当時の諸新聞は主なる加盟者として、其の氏名、所属大学・高商を左の如く報じてゐた。

（東　　大）田辺忠男　中西寅雄　本位田祥男　土方成美　橋爪明男
（立　　教）田中精一　鍋島達
（法　　政）小野武夫　松本伸太郎
（早　稲　田）杉森孝次郎　中西佐一　林癸未夫

（慶　　　応）加田哲二　金原賢之助
（東京商大）上田辰之助　猪谷善一　井藤半弥　山口茂
（京　　　大）作田荘一　谷口吉彦　八木芳之助　柴田敬
（大阪商大）河田嗣郎　藤田敬三　堀経夫　浅香末起
（台北帝大）北山富久三郎
（名古屋高商）赤松要　高田喜代蔵　酒井正三郎
（福島高商）中村常次郎
（関西学院）古屋義貞
然し土方教授は之に反対はして居ないが、実際は深く立入らない関係にある由。また其の当時他の大学教授中には無承諾のまま自己の名が新聞に発表してある為、異議若くは問合せをして来た者があつたと伝へらる。
「革新社」はかくて其の活動の端緒として、経済理論と実際の結合を趣旨として全国に亘る舌の奉仕を唱へ、昨年八月中本位田、田辺、中西教授を主なるものとし、東北・信越・北陸の各地に講演会、懇談会、座談会等開催して歩いてゐた。
更に十月から大河内正敏博士の援助の下に、雑誌『革新』を発行した。其の雑誌は広く街頭の書店にも出てゐる。」「河合教授問題の発生及経過に関する調査」『思想月報』第五七号（司法省刑事局思想部、昭和一四年三月）、『現代史資料四二　思想統制』みすず書房、一九七六年、三三六‐三三七ページ。引用文中の人名・所属は原文どおり。なお雑誌『革新』は長続きせず一九三九年八月号で廃刊となっている。

53　河合栄治郎「時局・大学・教授」『日本評論』一九三八年四月号、九‐一〇ページ。

54　土方成美『国民所得の構成』日本評論社、一九三三年、「はしがき」一ページ。片桐正俊「配分学説の提唱と展開――土方成美」佐藤進編『日本の財政学――その先駆者の群像』ぎょうせい、一九八六年所収、一一三ページ。

55 本位田祥男『消費組合運動』国文堂書店、一九二一年、同『消費組合巡礼』日本評論社、一九二六年など。

56 山本秋『日本生活協同組合運動史』日本評論社、一九八二年。

57 ゴットル＝オットリリエンフェルトの理論と当時の「政治経済学」との関係については、長幸男・住谷一彦編『近代日本経済思想史Ⅱ』（近代日本思想史体系第六巻）有斐閣、一九七一年所収の大林信治「経済哲学・方法論」を参照。

58 『世界経済理論報告会記録』財団法人世界経済調査会、一九四三年、一一四ページ。

59 竹内洋『大学という病――東大紛擾と教授群像』中公叢書、二〇〇一年。

60 大熊信行の思想に関する近年の研究として、荻野雄「沈黙の共同体から語りの協同体へ――戦前期大熊信行の思想」『京都教育大学紀要』第一一四号、二〇〇九年、今田剛士「大正平和論と戦後日本――大熊信行の「国家悪」」『社会思想史研究』第三四号、二〇一〇年などを参照。

61 「ラスキンの『此の最後の者にも』」『社会問題管見』所収、『河上肇全集』第九巻。

62 ラスキンの社会思想については木村竜太「ジョン・ラスキン――芸術から「ポリティカル・エコノミー」へ」『文化史学』第五九号、二〇〇三年を参考とした。

63 大熊信行『社会思想家としてのラスキンとモリス』論創社、二〇〇四年、一八二－一八三ページ。

64 大熊は『資源配分の理論』（東洋経済新報社、一九六七年）の序において、ロビンズの『経済学の本質と意義』（一九三二）と自らの「配分原理」の近似性に気づいたのは同書の校正中であったとしている。大熊はロビンズの定義における「用途選択」は配分決定の過程をとらえたものに過ぎず、配分は経済の構造をとらえているとして区別を強調しているが、大熊が主張するほどの違いがあるとは考えにくい。

なお、大熊は一九二九年に文部省在外研究員としてイギリスに留学した際、ロンドン・スクール・オブ・エコノミクス（ＬＳＥ）でロビンズの講義およびセミナーを聴講している（大熊信行「大熊信行年譜」『商経法論叢』〔神奈川大学〕第一四巻第一号、一九六三年、二五四ページ）。戦前の日本におけるロビンズの受容過程については小峯敦「日本におけるロビンズの導入過程――一九三〇年代と五〇年代、経済学者の反応様式」『龍谷大学経済学部 Discussion Paper Series』No. 09-01、二〇〇九年参照。

65 大熊信行「ラスキンの職分経済学――Unto This Last の構造（上）」『高岡高等商業学校研究論集』第一一巻第四号、一九三九年、八六ページ。

66 「われわれの生命的な課題はわが日本の政治経済学 Political Economy の体系化をおいて他にあるのではない。いまさらラスキンを通過しようとするわれわれの企てがこの窮極目的にたいして迂遠であるのみならず無効であるといふならば、われわれは意図をあやまつてゐるのである」同右、五九ページ。

67 山田雄三「計画経済の問題　大熊信行著　経済本質論」『一橋新聞』昭和一三年一月一日。

68 難波田春夫に関する最近の研究として、菅浩二「戦時経済論と記紀神話解釈の一側面：難波田春夫の国体論について」『國學院大學研究開発推進センター研究紀要』第七号、二〇一三年、手塚真「難波田春夫の経済思想 敗戦の前と後――ドイツ社会的市場経済研究を中心に」『帝京大学外国語外国文学論集』第二一号、二〇一五年がある。

69 『難波田春夫著作集』別巻、早稲田大学出版部、一九八三年、五ページ。

70 ゾムバルト、難波田春夫訳『独逸社会主義』三省堂、一九三六年、四ページ。

71 難波田春夫「国家と経済」『日本諸学振興委員会研究報告　第五篇　経済学』一九三九年、二三三ページ。

72 同右、二三四ページ。

73 同右、二三五ページ。

74 難波田春夫『国家と経済』第四巻、日本評論社、一九四一年、一〇七ページ。

75 同右、四四〇ページ。

76 同右、四五〇ページ。

77 寺出道雄『山田盛太郎――マルクス主義者の知られざる世界』日本経済評論社、二〇〇八年、一〇五

―一〇七ページ。

78 難波田『国家と経済』第四巻、一九八ページの「陸軍工廠に於ける職工数の増加」、二〇四ページの「わが国軍艦の国内建造高と国外建造高」及び三〇一ページの「日、支、伊の（蚕糸）輸出額」の統計と『日本資本主義分析』（岩波文庫版）一二六、一三五、六二ページの同統計はほぼ同一のものであり、『国家と経済』第四巻一九七―一九九ページの記述は『日本資本主義分析』（岩波文庫版）一二三―一二六ページとほぼ同一である。さらに、『国家と経済』第四巻二〇〇ページには海軍工廠における職工数の統計が示されているが、そこに記されている明治二六年の海軍工廠職工数が四六三三人、明治三九年は五〇一八〇人なので増加率は約九八割（(50180－4633)÷4633≒9.83）であるにもかかわらず、「いま、如上の海軍工廠に於ける生産の量的発展を見るため、その職工数の増加を見れば、それは次表に示す如くであつて、明治三九年を二六年に比較すると、その増加率は実に七八割に達してゐる」と書かれている。『日本資本主義分析』（岩波文庫版）一三七ページにはやはり海軍工廠の職工総数の統計があり、明治二六年の海軍工廠の職工総数は五七五二人、明治三九年は五〇六五七人なので増加率は約七八割（(50657－5752)÷5752≒7.81）であり、増加率は「七八〇％」と書かれている。ともに『帝国統計年鑑』から採られているとされているのでなぜこのような数字の違いが生じたのかは不明だが、少なくとも以上の記述から難波田が『日本資本主義分析』を参考にしたことは明らかである。

79 安場保吉「経済発展論における「二重構造」の理論と「日本資本主義論争」」『社会経済史学』第三四巻一号、一九六八年。

80 アンドリュー・E・バーシェイ、山田鋭夫訳『近代日本の社会科学――丸山眞男と宇野弘蔵の射程』NTT出版、二〇〇七年、二九〇ページ。

81 難波田春夫『経済哲学』朝倉書店、一九四四年、二三ページ。

82 同右、八八―八九ページ。

83 「創立七〇周年記念座談会」『建築雑誌』第七一巻八三三号、一九五六年、一一ページ。

84 同右、一三ページ。
85 丹下健三「コンペの時代」『建築雑誌』第一〇〇巻一二二九号、一九八五年、二五ページ。日本の建築家と社会思想との関係については、八束はじめ『思想としての日本近代建築』岩波書店、二〇〇五年を参照。
86 難波田春夫『戦力増強の理論』有斐閣、一九四三年、一五九‐一六四ページ。
87 難波田春夫『農工調和論』朝倉書店、一九四四年、一九九‐二一三ページ。
88 難波田『戦力増強の理論』一三六ページ。
89 同右、一七一ページ。
90 同右、一七二ページ。
91 菅原兵治・難波田春夫「農本国家への道」『改造』新年号、一九四三年、一一三ページ。
92 柳澤治「大塚久雄の農村工業論の背景」住谷一彦・和田強編『歴史への視線――大塚史学とその時代』日本経済評論社、一九九八年。
93 大塚久雄「農村工業と生産力」『農村工業』第一一巻第一号、一九四四年。
94 大塚久雄「マックス・ウェーバーに於ける資本主義の「精神」」『経済学論集』第一三巻第一二号、一九四三年、二〇‐二一ページ。
95 大塚久雄「決戦生産力増強の基柢」『大学新聞』第二六号、一九四五年四月二一日。
96 中野敏男『大塚久雄と丸山眞男：動員、主体、戦争責任』青土社、二〇〇一年、恒木健太郎『「思想」としての大塚史学――戦後啓蒙と日本現代史』新泉社、二〇一三年など。
97 世界経済調査会『世界経済理論報告会記録』一〇六ページ。
98 難波田春夫「戦力増強と営利主義」『改造』新年号、一九四四年、三二ページ。
99 『森嶋通夫著作集』別巻、岩波書店、二〇〇五年、六三ページ。
100 森嶋通夫『なぜ日本は「成功」したか？――先進技術と日本的心情』ＴＢＳブリタニカ、一九八四年、一四六ページ。

101 丸山眞男『忠誠と反逆』ちくま学芸文庫、一九九八年、三五九ページ。
102 難波田春夫・穂積七郎「戦力と国民組織」『科学主義工業』一九四三年八月号、三三ページ。
103 難波田春夫「資本主義の問題」『改造』一九四三年八月号、一四－一五ページ。
104 座談会「皇国経済の決戦態勢」『中央公論』一九四三年一一月号、五二ページ。
105 「国内思想戦」を主導した日本世紀社は大熊によれば東條内閣や陸軍の援助を受けていたとされる（大熊信行「大日本言論報国会の異常性格」『文学』一九六一年八月号、同『戦中戦後の精神史』論創社、一九七九年所収、六二二－六二三ページ）が、近年の研究では「国内思想戦」を主張した側と陸軍との直接の関係はなかったようである（植村和秀『「日本」への問いをめぐる闘争——京都学派と原理日本社』柏書房、二〇〇七年、第五章「京都学派対原理日本社——日本をめぐる闘争」）。この問題で高坂正顕・西谷啓治・高山岩男・鈴木成高ら京都学派と大熊信行・谷川徹三・矢部貞治が会談して対応を話し合ったこと等は『矢部貞治日記　銀杏の巻』（読売新聞社、一九七四年）の昭和一八年七－八月の記録を参照。矢部の日記を基にした当時の思想状況に関しては伊藤隆『昭和十年代史断章』東京大学出版会、一九八一年が詳しい。
106 大熊信行「告白」『理論』一九四八年、同『戦中戦後の精神史』三五二－三五三ページ。
107 座談会「敵性思想の掃滅」『公論』一九四三年六月号、二九ページ。
108 座談会「皇国経済の現状を論ず」『公論』一九四三年七月号、三四－三五ページ。
109 『世界経済理論報告会記録』一〇三－一〇五ページ。
110 石川興二『新体制の指導原理』有斐閣、一九四〇年、三〇ページ。
111 同右、一四四ページ。
112 同右、一八ページ。
113 『京都大学経済学部八十年史』一九九九年、四五－四六ページ。ただし石川本人によれば、「一人の反動的な代議士」が枢密院議長の原嘉道に働きかけ、原が枢密院会議で昭和天皇に石川を危険思想の持ち主として報告し、昭和天皇が文部大臣の橋田邦彦に質問したことが直接の契機となったという（京都大学経済学部編『思いで草』一九六九年、一八一ページ)。

114 大熊「告白」同『戦中戦後の精神史』三五三ページ。

115 安井琢磨「学問水準の落差を埋めよ——経済学の新動向について」『大学新聞』第四五号、一九四五年一一月二一日。安井琢磨『経済学とその周辺』木鐸社、一九七九年所収。

116 大熊「告白」同『戦中戦後の精神史』四〇八 - 四〇九ページ。

117 難波田春夫『スミス・ヘーゲル・マルクス　近代社会の哲学』講談社、一九四八年、二八三ページ。

118 『日本及日本人』一九七三年一月号には大熊と難波田の評論がともに載っている(大熊信行「日本民族改造論　序　外来文化の摂取に伴う問題について」、難波田春夫「経済の究極にあるもの」)。

第五章　「近代経済学」とは何だったのか

「近代経済学」が意味するところ

日本では少し前まで、経済学を「近代経済学」（一般均衡理論に基づくミクロ経済学、ケインズ経済学に基づくマクロ経済学）と「マルクス経済学」に分類することは普通に行なわれていた。ただ、近代経済学を「マルクス経済学以外の経済学」という意味で扱うのは日本の特殊な使用法である。英語の modern economics は単に「現代の経済学」というだけの意味である。[1]

このような日本特殊な意味で「近代経済学」という言葉が一般に使用されるようになったのは太平洋戦争後のことである。戦後リニア・プログラミングで高い業績を上げた古谷《ふるや》弘《ひろし》は昭和三一（一九五六）年に出版された書籍のなかで「戦前には「近代経済学」はありませんでした」「［戦前には］支配的用語法として「近代経済学」なるものは、決して一般的受領性はもっておりませんでした」「マルクス主義経済学以外の比較的新しい経済学は、一括「近代経済学」と呼ぶという社会的慣習が何時とはなくでき上ってしまったのです。これは戦後のマス・コミューニケイションの威力とでもいうべきでしょうか」と述べている。[2]

なぜ「マルクス主義経済学以外の比較的新しい経済学は、一括「近代経済学」と呼ぶという社会的慣習」ができあがったのかについては、何人かの経済学者が自分の影響ではないかと述べている。木村健康は自身と安井琢磨が翻訳したシュンペーターの『理論経済学の本質と主要内容』（昭和一一〔一九三六〕年）に出てきた“die moderne Nationalökonomie”に由来するのではないかとしており、青山秀夫は自身の『独占の経済理論』（昭和一二〔一九三七〕年）において、「主観価値学説」という言葉が誤解されやすいために「近代経済理論」という呼び方を使ったとしている。[3]

山田雄三は昭和一〇（一九三五）年に「一八七〇年を境としてそれ以後の理論経済学に見られる動きを普通に名づけて近代理論といふ」と書いており、[4] 経済学研究者のあいだでは昭和一〇年代に入りワルラス、メンガー、ジェボンズによる限界革命以後の経済学を近代（経済）理論と呼ぶ慣習が出てきたようだが、古谷の説明にもあるように社会的にはあまり普及していなかった。一般的には、第四章でとりあげたように、戦前に中山伊知郎の影響で一般均衡理論が「純粋経済学」と呼ばれ、戦後に後述する杉本栄一の問題提起を契機として「マルクス経済学か近代経済学か」という論争が行なわれたことから、「純粋経済学」がそのまま戦後になって

「近代経済学」と呼ばれるようになったと解釈されることが多い。

しかし、「近代経済学」という言葉自体はかなり早い時期から存在している。河上肇は昭和三（一九二八）年の改造社版『経済学全集』第一巻『経済学大綱』で、扱う対象は近代資本主義社会の経済学であり、「近代社会すなはち資本家的社会の法則を科学的研究の対象とする経済学を名づけて、吾々はこゝに近代経済学といふ[5]」と明言している。河上によれば、社会主義の社会は意識的法則に従い、一方で個人主義の社会では「或る程度の社会的法則が行はれてゐるには相違ない」が、それは「ただ社会の各成員が各自の利益を意識して営むところの諸般の活動の合成果として、社会全体の上に自然に行はれてくる無意識的の法則である」。こうした個人主義社会における法則を明らかにすることが「正に近代経済学の任務とするところなのである」。河上はこの意味での「近代経済学」を「資本家的経済学（またはブルヂョア経済学）」と「マルクス派経済学（またはプロレタリア経済学）」とに分け、「言はゞ何れも資本家的社会に関する経済学であるといふ意味においては、皆な資本家的経済学である[6]」としている。このように河上は「近代経済学」をマルクス経済学とそれ以外（マルクス主義的用語でのブルジョア経済学）とを含むものとして用いている。

このようにもともとは「マルクス経済学以外の経済学」という意味がなかった「近代経済学」という言葉がなぜ戦後になって現在の意味に使われるようになったのか、つまり「近代経済学」という言葉（シニフィアン）とそれが指し示す内容（シニフィエ）がどのように結びついたのかを明らかにするのが本章の内容である。

先取りして言えば、「近代経済学」は「経済学の制度化」といわれる動きと、第四章でとりあげた経済学を取り巻く思想戦によって生み出されたものである。戦後に「近代経済学」と呼ばれる経済学（一般均衡理論等）は戦時下において体系化され具体的な姿を表し始める一方、「近代」という言葉に特殊な意味が込められるようになると、「近代経済学」という言葉は否定的あるいは肯定的な意味をもつようになった。特に近代資本主義を否定するか肯定するかが政治的対立を引き起こす時代には、「近代経済学」をどのような内容のものとみなすかという問題が特殊な政治性を帯びることになった。「近代経済学」は戦時期に始まり、それが戦後にも影響し、現在にも関係しているのである。

高田保馬の苛立ち——日本の社会科学の低水準

京都帝国大学経済学部教授の高田保馬は昭和一一（一九三六）年、当時広まっていた「日本的学問」の構築を訴える主張を批判する文章を書き、昭和一三（一九三八）年に刊行された単行本のなかに収録している。近頃は学問の広い範囲で「日本的のもの日本特有のものを作り上げげよ、徒らに西洋人の糟粕《そうはく》に甘んずる勿《なか》れ」という声が聞こえてくるようになった。これは「痛快な声であり、胸のすくやうな主張」であるように見える。しかしそれは「少しでも学問といふものを真剣にやつてゆかうとする私共の眼」からは「局外からの言分」でしかなく、

「進みていへば、日本の学問の発達の為にむしろ有害ですらもある」。高田に言わせれば、「日本的何々学を打ちたてねばならぬ」と主張する人は「一定の学問の中に入つて血みどろの苦闘をしてゐない人たち」であり、「かういふ苦闘のまつたゞ中にあるものはさういふことを考へる余裕も必要もない」[7]と痛烈な皮肉を浴びせている。この文章の最後で高田は次のように結論づけている。

　日本特有の考方、即ち固有の思考形式を長養し発揮することは極めて大切なことである。けれどもこれによつて日本的なる学問をきづき上げようとすることは、全く不可能のことであらう。今日真の意味に於て日本的な学問の出来にくいのは、少くも私の関係してゐる社会科学についてみる限り、最高水準の知識の吸収が十分でなく、対等の地位にまで達したといひにくいのに基く。社会的に特有な地盤が、有効なる特有の手法をまだ作り上げ得ないでゐる。日本の学問の発達のための何よりの急務は、対等の水準にまで高まり上ることである。まづ世界的水準に高まらずしては、真の意味に於て、日本的なものは出来ない。此点を考へずして、日本的学問を作り上ぐることを奨励す

高田保馬　『高田保馬博士の生涯と学説』口絵より

るならば、それは世界的な知識の吸収を軽視し、日本に於ける学問の発達を阻碍《そがい》することにならざるかを恐る。学問の民族性の誤れる高調は、それの階級性の誤れる高調の如くに有害である。[8]

高田自身は欧米に留学した経験はなかったが、学生・講師時代に京都帝国大学において、アメリカ・フランスで社会学及び経済学を学んだ米田庄太郎やドイツ・オーストリア・イタリアで財政学を学んだ小川郷太郎、また京都帝国大学の「経済学読書会」にも積極的に参加していた福田徳三らの影響により、日本人としては非常に早い時期からJ・B・クラークやシュンペーターらの経済学に接していた。高田は明治四五（一九一二）年の翻訳で日本で最初にワルラスをとりあげており、[9]昭和五（一九三〇）年の『経済学新講』第二巻「価格の理論」（岩波書店）は日本で最初に一般均衡理論（カッセル体系、パレート体系）を本格的に紹介した書である。河上肇が昭和三（一九二八）年の三・一五事件で京都帝国大学経済学部を辞職した後は経済原論講座を引き継いでおり、戦前の日本における理論経済学の第一人者として自他ともに認める存在であった。

一方で社会学者でもあった高田は、自身の社会学における「勢力説」（相手に優越しようとする個人や団体同士の勢力関係によって社会的地位が決定されるとする説）を経済理論のなかに取り込もうとする努力を長年続けてきた。[10]前出の『経済学新講』第二巻「価格の理論」では一般均衡理論を紹介するとともに、それだけでは均衡が成立せず、生産財である労働を提供する人間の勢力意志があって初めて均衡が成立するとする主張を行なったが、これに対しては経済理論の自律性を守る立場から中山伊知郎が批判を加え、高田と論争を繰り広げた[11]。世界的に認められている経済理論に自身の社会学理論を何とか取り込もうと苦闘し論争を行なってきた高田にとって、「日本的何々学を打ちたてねばならぬ」と主張するだけで「自らこれを作り上げてみせようとはしない」社会学者や経済学者は我慢のならないものだった。そして理論を重視する高田にとっては体系を持った経済学はあくまでも欧米で発達したものであり、当時「日本経済学」の立場から注目されていた江戸時代の経済思想家も、高田からすれば「経済学以前」のものに留まっていた。昭和一七（一九四二）年に高田は次のように述べている。

何といつても経済学は輸入学問である。輸入以前にあつては経済政策的乃至経済教訓的思想はあつたにしても、経済理論的のもの別して組織とか体系とかいふべきものを備へたる経済学はなかつたと思ふ。この点他の諸学問とは余程ちがふ。（中略）人は屢々《しばしば》三浦梅園がスミスと殆ど同時代にありながら既に若干の経済理論的命題を主張してゐたといふ。それはさうであらう。けれどもそれらは未だ断片的のものであり、加之《しかのみならず》、梅園すでに欧羅巴《ヨーロッパ》の諸学と完全に無縁ではなかつたやうである。経済学の輸入的性質はその学説あるが為に否定せらるゝことを得ないであらう。[12]

三浦梅園の『価原』は、そのなかで貨幣数量説やグレシャムの法則（質のよい貨幣は利用されなくなり質の悪い貨幣だけが流通する）などと同じ主張がなされており、日本では福田徳三や河上肇らによって注目され、第一章で紹介したように河上はドイツで『価原』をドイツ語に訳そうとしていた。しかし高田からすれば、いくつかの経済理論的命題が含まれていたとしても、それはあくまで断片的なものでしかなく、「組織とか体系とかいふべきもの」を備えて初めて経済学と呼べるものになり、それは結局のところ欧米で発達してきた経済学にしか見られないものだった。そして日本の経済学を含む社会科学が「最高水準の知識の吸収が十分でなく、対等の地位にまで達したといひにくい」以上、日本人はまだまだ欧米の経済学に学ぶ必要があった。

高田はその後も、「新たなる経済理論といふものは、未だ一行も書かれてゐない」「統制経済に早く踏込めるヨオロッパに於て、経済の根本理論が全然作り替へられねばならぬといふやうな議論が勢を得てゐるとも聞かず、況や新しき経済理論が、試みられてゐるとはなほさら云ひがたい」と「政治経済学」「日本経済学」を構築する動きを批判し、「幾百年間、而も莫大の数に上るところの、優秀なる頭脳が築き上げて今日に至れる理論の基礎の上に立つて、それを理解」することの重要性を訴えている。ケインズおよびシュンペーターと同じ年（明治一六〔一八八三〕年）に生まれ、両者を意識しながら研究していた高田は「全然学問が作り替へられねばならぬといふやうな叫びのみ徒らに高い日本の現状は、要するに経済学そのものの理解の貧弱さを示してゐるに過ぎない」と日本の経済学の水準の低さを嘆いていた[13]。

経済学の混乱から体系化へ

「政治経済学」「日本経済学」などの主張が登場し、これに対して高田が日本における「経済学そのものの理解の貧弱さ」を嘆き、欧米の経済理論の積極的な吸収を主張した背景には、戦前の日本における経済学の混乱があった。高田と同じ佐賀県出身で、戦後池田勇人の経済政策のブレーンとして大きな役割を果たす下村治《しもむらおさむ》は、社会主義的な運動の高まりを見て、「経済のことがわからなくては何も判断できない」と思い、また漠然と経済官庁を志望していたことで昭和五（一九三〇）年に佐賀高校から東京帝国大学経済学部に進学したが、大学の授業には失望したという。下村は法学部に進んだ友人が「法学は体系的にきちっとしているが経済学というのはまったく掴み所がない学問だな、と呆れたようにいったことが強く印象に残って」おり、それに「まったく同感でした」と述べている。「大学で経済を学んでわかったことはひとつでした。経済学の教科書は実際の経済を理解するためにも、経済学そのものを理解するためにもまったく役に立たない、ということです[14]」。

一方、「近代理論」という言葉をかなり早い時期に使っていた山田雄三は東京高等商業学校の福田徳三ゼミで学んだが、「学生時代には、一方ではたとえばアダム・スミスとかリカードの価格論があったかと思うと、他方では限界効用逓減の法則を断片的に教わったり、……歴史派的な要素もはいったり、いったい経済学の核心というのは何かちっともわからずに過ごしていたと思います。……とにかく何か断片的ないろいろな知識が雑然と頭にはいりこむような時期ではなかったかと思いますがね」[15]と、当時学んだ経済学が断片的であり、核心は何なのかがわからなかったことを述べている。

欧米においても、経済学がほぼ整理され現在のミクロ経済学やマクロ経済学が形となって現れるのは、サミュエルソンの『経済学』（一九四八年）が出版されるなどの動きを経た第二次大戦後のことであり、経済学の体系が明確でなかったのは日本だけの現象ではない。ただ特に日本では、明治以来欧米の経済学を積極的に吸収してきたものの、国情の異なるイギリス・ドイツ・アメリカ等で発展した経済学が、しかも一八世紀以来時間をかけて発展してきた経緯を無視して一度に日本に導入されたことで、アダム・スミスからドイツ歴史学派、限界革命後の経済学まですべて同じ「経済学」として教えられることになった。それゆえ経済学の発展を歴史的にたどる経済学史研究が盛んになる一方、経済学を学ぶ側からすれば経済学の核心とは何なのかがわからず、「掴み所がない学問」であり体系がないという評価にならざるを得なかった。このように経済学の体系が明確でなかったがゆえに、「政治経済学」「日本経済学」などの主張も登場しやすかったということが言える。

このような経済学の混乱のなかで、体系として注目されたのがマルクス経済学と一般均衡理論である。丸山眞男は日本の知識人はマルクス主義によって初めて社会的な現実を相互に関連づけて総合的に考察する方法を学んだとしているが[16]、経済学においても、マルクス経済学が明確な体系として日本人に受け入れられ、それゆえ急速に普及することになった。有沢広巳は次のように述べている。

こういうことはいえると思います。つまり、そのころまでの日本の経済学は、古典学派から新古典学派、歴史学派、限界効用学派、アメリカの制度学派、そういうものをミックスしたもの——つまり自分の都合のいいところだけもってきて学説をつくっていた。といってその学説にその人独特のものがあるわけではない。したがって、そんな学説では、第一次大戦後に起こってきた社会の新たな問題意識に対しては、とても満足な答が与えられない。いままでは、国家科学の一ブランチとしていろんな理論の寄集めで済んでいたのが、もう済まなくなってきた。私たちの年代の者は、そういう意識で、社会問題に対しても一貫した説明がつくような経済学体系をもたなければならないと思った。それをどういう方法論によってつくるかということで、いろいろ方法論の模索が始まった。そこへ、左右田《そうだ》〔喜一郎《きいちろう》〕さんの『貨幣と価値』という本が出た。（中略）そういう方法論の模索で困惑していたわれわれを一気に解放してくれたのがマルクス主義だったといえるでしょう。[17]

マルクス経済学からやや遅れて、日本人にとって体系を持った経済学として受け入れられるようになったのが一般均衡理論である。戦後に安井琢磨・東畑精一・木村健康の参加した座談会で司会役の館龍一郎は、戦前の日本では中山伊知郎をはじめ「イギリスというケンブリッジ学派の経済学ではなくて、一般均衡論的な考え方の影響が強」かったことについて「非常に不思議な気がする」としてその理由を質問しており、これに安井は次のように答えている。

むずかしい質問で、はっきりしたことはいえないけれども、僕自身のことを振り返ってみると、マルクス経済学が一つの動機になっている。当時マルクス経済学が日本では支配的だったが、私にとってこれは終始、convincing［説得的］ではなかった。それ以外にも、いろいろな経済学があって、まったく混沌としていたが、総じてドイツの影響が日本では強かった。当時のドイツの学界は、一人ずつ自分の体系を立てるというような時代で、リーフマンあり、シュパンあり、ゴットルあり、というようにいろいろな立場があった。そのときに経済学として全体の骨格がはっきりしていたのは、一般均衡論という考えかたではないか。（中略）ワルラスの場合は、全体像、フレームワークがクリアであったという特色がある。[18]

この安井の答えに東畑が補足している。

いまの館さんの質問は、そのころまでに日本の経済学は何をやったかということを考えると、多少解けるかも知れないと思う。それ以前の経済学は、いったい経済学は何を勉強するのかわからなかったんですよ。正直なところね。そんな次第で「経済学徒」はずいぶんいろいろなことをやっていたんです。いちばん問題を投じたのは左右田さんではないかと思う。左右田さんは経済概念はどこから始まるかと質問した。貨幣概念にかかわるところに始まる。そういうことから始まるような時期だったんです。いま経済学をやる人はわざわざ経済学とは何かということをいわなくてもわかっている。一種のコモンセンス、共通理解の地盤が、できている。当時は定義から始めて、その点はだめだ、ああだこうだということばかりやっておって、経済学に対する急所がつかめなかった。それが経済の内面的構造を把える必要を意識するようになったのは均衡論が入ってきてからじゃないですか。[19]

多様な経済学が導入され、体系がなく混乱していた日本の経済学には方法論が求められており、そのなかで有沢と東畑がともに挙げている左右田喜一郎が『貨幣と価値』(ドイツ語一九二四年、日本語訳昭和三〔一九二八〕年)などで貨幣を経済概念の中心に置くという方法を提示して注目され、続いてマルクス経済学、そして一般均衡理論が経済学の体系として受け入れられていった。

戦前の日本で受け入れられつつあったマルクス経済学と一般均衡理論という二つの体系のうち、社会主義思想を弾圧していた政府にとってはマルクス経済学を公認の経済学とするわけにはいかなかった（実際には第二章で見たようにマルクス経済学者も政府の委員会や軍の仕事に関わることが多かったが）。かといって第四章で見たように昭和一〇年代に登場した「政治経済学」「日本経済学」などは観念的で、マルクス主義に対する「思想戦」の道具にはなっても数字を用いた実際の経済政策には使いづらかった。そのため、自動的に政府にとっての公認の経済学、特に国家の行政官を選ぶ試験（現在でいう国家公務員試験）に出題される経済学は一般均衡理論を含む西洋の経済理論に基づくものになった。

大正七（一九一八）年に、それまでの文官高等試験・外交官領事官試験などが統合されて高等試験（俗称は高文）になり、一般行政官のための行政科、外交官領事官のための外交科、判検事のための司法科のそれぞれの試験が設置された（現在の国家公務員採用総合職試験および司法試験に相当）。この時点では試験科目は法律科目が中心であり、行政科の場合、経済学は六つある必須筆答科目の一つに過ぎず（ほかは、憲法・行政法・民法・刑法・国際公法）、このほか選択筆答科目に財政学があるだけだった（ほかは、商法・民事訴訟法・刑事訴訟法）。

その後、大正時代に顕在化した社会問題や昭和二（一九二七）年の金融恐慌などの課題に対応できる能力を持つ人材を確保するため、昭和四（一九二九）年の勅令では必須筆答科目が憲法・行政法・民法と経済学となり、選択筆答科目に人文系・経済系科目が大幅に追加され（経済系科目は経済史・財政学・農業政策・商業政策・工業政策・社会政策）、高等試験における経済系科目の重要性が増加した。昭和一六（一九四一）年には外交科が行政科に統合され、国粋主義的な風潮を考慮して国史が必須科目になったが、経済学はやはり必須筆答科目四科目のうちの一つ（ほかは、憲法・国史・行政法）であった。特に口述試験はそれまでの選択科目制から必須三科目になったが、経済学は行政法・国史とともにそのなかに含まれていた。[20] 社会における経済問題の重要性が高まるとともに高等試験における経済学の地位も高まっていき、昭和一七（一九四二）年の時点では「行政科に於ては経済の成績が悪くては絶対に合格覚束《おぼつか》ないとの事である[21]」と言われるまでになった。

昭和一四（一九三九）年及び一五（一九四〇）年の高等試験の経済学の問題は次のようなものであり、戦争という時事的な課題を踏まえつつも理論的な問題を中心に出題されていたことがわかる。

貨幣の数量と其の価値との関係を論ぜよ。（昭和一四・行政）

低金利の物価に及ぼす影響如何。（同右）

利子歩合は何によつて定まるか。（同・司法）

近時各国の採用せる輸出振興策。（同右）

戦争と貨幣の価値との関係を論ぜよ。（同・外交）
国民所得とは何ぞや。其の大さを測定する方法如何。（同右）
利潤の本質を論じて其の統制の効果に及ぶ。（昭和一五・行政）
戦争経済と物価との問題を論ず。（同右）
労働組織と労働生産力との関係を説明せよ。（同・司法）
物価と賃金との関係を論じ人口問題に言及すべし。（同右）
為替相場と物価との関係。（同・外交）
日銀引受公債による政府支出は景気の上に如何なる影響を及ぼすや。（同右）[22]

前述の高田保馬は昭和六（一九三一）年から高等試験の選択科目社会学の試験委員を務めていたが、昭和一三（一九三八）年七月に新たに行政科の経済学試験委員にも就任し（昭和一四年から外交科の経済学試験委員、昭和一三〜一四年司法科の経済学試験委員）、ほかの試験委員がしばしば異動したのに対し昭和一八年の高等試験停止まで行政科・外交科の試験委員であり続けた。[23]したがって高田の経済学教科書（『経済学概論』昭和一三年、『第二経済学概論』昭和一六年、ともに日本評論社）は高等試験受験者の必読書となり、さらに中山伊知郎の『純粋経済学』も参考書として広く読まれていた。昭和一六年度の中央大学の高等試験合格者座談会で、経済学の勉強法を問われた合格者の一人は次のように答えている。

私は学部一年の時土方［成美］先生の講義を聴きましたので先生の本で勉強しましたが、高文の準備のためには高田さんの概論一本槍でした。先輩が二十回位読めば判るだらうと言はれたからその決心で読みました。三回位まではよく判りませんでしたが五回目位からは次第にはつきりとして来て、しまひにはこんなよい本はないと思ふ位になりました。要するに読書百遍意自ら通ずるものだと感じました。岩波全書の中山伊知郎さんの純粋経済学と新経済学全集の経済学一般理論とを参考によみましたが良書であると思ひます。[24]

別の合格者も同座談会で「私は高田の概論を七回読みました」と述べており、高等試験合格記のほとんどで高田の『経済学概論』『第二経済学概論』が挙げられ、中山の『純粋経済学』も「簡潔明快、理論経済学の覗き見もさせて呉れる」[25]と好評だった。昭和一六年に高等試験行政科および外交科に合格し翌年大蔵省に入省した宮沢喜一も、高田の本に世話になり、中山の本も読んだ、と回想している。[26]

中山の『純粋経済学』が一般均衡理論の簡潔な解説書であることは第四章で紹介したとおりである。高田の『経済学概論』『第二経済学概論』は経済学の概説書であり高度な数学は利用していないものの、経済の概念から始まってほぼ現在のミクロ経済学で学ぶ内容を網羅し、さらに一般均衡の安定性について論じられている。その他外国為替の決定、投資の加速度原理や乗数理論、さらに『第二経済学概論』では第二章で山本勝市が重視していた社会主義における経済計算問題がとりあげられるなど、現在の経済学教科書と比較しても高度な内容が含まれている。高田は『第二経済学概論』を書くにあたり、「叙述はなるべく学界周知の学説をのみ取扱」う一方で「学界の最新収穫」を取り入れることで「不十分ながら本書から出発して今日の世界学界の問題に進み入り得べき架橋の役目をも営み得ようとした」と書いており[27]、世界の経済学の水準を意識していたことがうかがえる。

森嶋通夫は、高田が『経済学概論』などの教科書を執筆し、高等試験委員を務めるなどしていたことで、戦前の日本の経済学は高い水準に保たれたとしている[28]。森嶋が高田に学んだことを差し引いて考えても、高田が高等試験の経済学試験委員で当時としては高水準の教科書を執筆しており、それを高等試験受験者が熱心に読むことによって、主に戦後に活躍することになる行政官がかなり水準の高い経済学を身につけたことは否定できないだろう。東京帝国大学に高田が講演に来る際には、高等試験の準備のために法学部の学生が聞きに来て教室が超満員になったという[29]。

「道具」としての経済学の発展

行政官を選ぶ高等試験の経済学が一般均衡理論を基礎に置いたものに統一される一方、経済学の研究環境も戦時期に発展していった。

昭和恐慌からの脱出や、第一次大戦中のドイツが科学力によって戦ったことを参考に、学術の振興によって国の富強を図ることを理由に行なわれた学術振興運動は、満洲事変（昭和六〔一九三一〕年）後の軍事インフレによる財政拡大によって現実化し、昭和七（一九三二）年一二月に日本学術振興会（学振）が設立され、実際の活動は翌昭和八（一九三三）年度から始められた。学振の事業の中心である研究費補助は個人研究と総合研究とに分けて行なわれた。学振による研究資金はそれまでの文部省科学研究奨励費や商工省などの補助金などと比べて遥かに多く、またテーマごとに特別委員会や小委員会を設けて総合研究を行なったことでさまざまな研究機関の研究者間の交流や異なる分野間の協力が行なわれ、日本の科学研究の近代化を促進したことが指摘されている。[30] そして学振の研究費補助は従来の文部省科学研究奨励費が自然科学だけであったのに対して人文・社会科学をも対象とするものであり、学振の登場が経済学の研究にも大きな影響を与えている。

学振の第三常置委員会（経済学・経営学）が行なった個人研究に対する補助は、その大半が産業の実態調査などに対するものであるが、「数理経済学（Mathematical Economics）ノ研究」（青山秀夫、昭和一二年後期）や「国民所得ノ研究」（中山伊知郎、昭和一四～一六年後期）などの理論的な研究、「比較土地制度史研究」（本位田祥男、昭和一一～一三年前期）や「日本経済史辞典索引ノ編纂及ビ出版」（本庄栄治郎、昭和一三年後期）などの経済史研究にも補助が行なわれている。[31] 第二章でとりあげた名和統一の研究も学振の支援を受けたものだったことは既に述べたとおりである。

さらに総合研究では、時局を反映した研究が多くの経済学者を動員して行なわれた。満洲国建国を反映して昭和八年一一月から第二特別委員会で「満蒙支ニ於ケル経済諸問題ノ研究」が昭和一六（一九四一）年八月まで継続して行なわれるとともに、農村問題の解決が叫ばれていたことにより、昭和八年一〇月に設立された第六小委員会で「米穀根本政策ニ関スル理論及ビ実際的研究」が昭和一二年三月三一日まで行なわれた（委員は河田嗣郎、上田貞次郎〔東京商科大学〕、気賀勘重〔慶應義塾大学〕、高田保馬、東畑精一、土方成美ら）。ここに研究嘱託として参加した杉本栄一は米の需要法則に関する研究を行ない、最小自乗法を用いて大正七（一九一八）〜昭和七（一九三二）年の七年ごとの米の短期需要関数を測定した。これは世界的に見ても非常に早い時期における計量経済分析である。[32]

さらに、日中戦争の泥沼化によるインフレの増進や生産力拡充政策に対応するため、昭和一三年以降、「中小工業問題ノ研究」（第二三小委員会、昭和一三年）、「物価問題ニ関スル研究」（第三八小委員会、昭和一四年）、「社会政策ニ関スル研究」（第四小委員会、昭和一五年）、「金《きん》ヲ要セザル経済研究」（第九小委員会、昭和一六年）などの多くの経済関係の小委員会が設置され、予算が割り当てられた。[33] これらの小委員会では大学に所属する経済学者だけではなく民間の研究所の研究員や企業の社員も含まれるなど、アカデミズムの枠を超えて特定の問題を解決するための研究が行なわれることになった。昭和一四年の平賀肅学で退職した土方成美ら東京帝国大学経済学部の「革新派」も学振の委員会に参加して研究を行ない[34]、これらの小委員会での研究の結果は学振の理事長名で政府に勧告として提言された。物価問題を扱った第三八小委員会は昭和一七（一九四二）年八月に長岡半太郎理事長名で商工、農林、大蔵、陸軍、海軍各大臣宛に、補助金による生産拡大は暫定的措置であってこれを拡張継続すべきではなく、一つの物資の価格引き上げは「均衡的」に波及するため実施には十分な準備措置をとらなければならず、価格行政機構を一元的に統一する中枢組織を設置する必要があると主張する「生産増強価格対策」を提言している[35]。

結局のところ合理性を追求する行政官に要求された経済学や、実際の経済政策の検討において「道具」として用いられた経済学は、一般均衡理論を含む西洋の経済理論であり、「日本経済学」「政治経済学」などは入り込む余地はなかった。第四章で扱ったように文部省は「国体、日本精神の本義に基」づく経済学の発展や振興を目指して日本諸学振興委員会経済学会を開催したが、初回こそ盛んに「政治経済学」「日本経済学」の樹立を訴える発表がなされたものの、回を重ねるごとにそうした発表は減っていき、実証研究や政策論に関する発表が中心になった[36]。昭和一七（一九四二）年の第四回学会に参加した井藤半弥（東京商科大学）は次のような感想を述べている。

本委員会の経済学会も今度が第四回である。いよ〳〵軌道にのつてきた感じがつよい。生意気ないひ方ではあるが、第一回のときに比較すると、その間に甚だしい進歩のあとが認められる。木に竹をついだやうな俄か造りの日本経済学論や、的はづれかと思はれる質問などは影をひそめ、研究発表並びに質問対議《ママ》ともに落着きを示してきたのは喜ばしい。[37]

また昭和九（一九三四）年一二月にマルクス経済学者を除く各大学の経済原論担当者を中心に発足した日本経済学会は昭和一六年九月に『日本経済学会年報』を発刊しているが、その「辞」では以下のような学会の目標が掲げられている。

我会の目標とするところは日本の経済理論の地位を高めて世界の最高水準に達せしむるにある。これが為には先づ世界最新の学問的収穫をすべて吸収し味解し、進みて分析し批判しなければならぬ。これによつて経済理論に於ける日本独自の学風は確立せらるるとともに、はじめて斯学に於ける第一流の諸国に伍し得るに至るであらう。かかる方針を堅持するが故に、階級理論として経済学を樹立し之を革命実践の道具に供しようとするマルクス主義を採らぬ。また斯学二百年の伝統と学会近時の飛躍的なる発達とを顧みず、日本固有の思惟形式により一挙にして日本的経済理論を確立し得べしといふ空想に動かされぬ。会員相切磋するとともに学派の異同を問はず、全力を挙げて斯学正統の大道を直進して顧眄《こべん》せず、之によつて日本の経済理論を代表せんことを願ふとともに、世界に於ける斯学の進展に意義ある貢献を成就せんことを期して止まぬ。[38]

マルクス主義を批判するとともに、「日本固有の思惟形式により一挙にして日本的経済理論を確立し得べし」という考えを「空想」と切り捨てる内容であり、「政治経済学」「日本経済学」を強く批判し日本の経済学の水準を高めていくことを主張していた高田保馬の考えと非常に近いものである（当時の理事は高垣寅次郎、高田保馬、土方成美、丸谷喜市、荒木光太郎）。実際同年報の第二輯（昭和一七〔一九四二〕年）に掲載されている論文は、次のように一部を除き、大半が現代の視点から見てオーソドックスな経済学の研究であった。

競争財に対する個人需要（丸谷喜市）
現代景気理論に於ける販路法則の問題――動学的一般均衡理論の観点より見たる一般的過剰生産の成立機構（青山秀夫）
企業の動学理論（安井琢磨）
所得のパレート線について（早川三代治）
生存基本分析について（柴田敬）
計画経済秩序に於ける経営操業度（宮田喜代蔵）
経済計算論の課題（山田雄三）

失業の方法論的考察（桑原晋）
東亜広域経済に於ける交通問題（栖崎敏雄）
家政と経済――理論経済学と政治経済学の総合への一試論として（酒枝義旗）

「政治経済学」「日本経済学」「皇道経済学」などは当時においても経済学の主流ではなく、それゆえにジャーナリズムの分野でそれらの主張が行なわれたのである。

日本経済学会は昭和二四（一九四九）年に理論経済学会と改称し、その後理論・計量経済学会に発展し、現在は再び元の名前の日本経済学会になっている。

第四章で見たように経済をめぐるイデオロギー闘争はジャーナリズムの場で激しく行なわれ、それが横浜事件（昭和一七〜一八年に『中央公論』『改造』などの編集者が治安維持法違反容疑で検挙され四人が獄死）などの思想弾圧にもつながったが、一方で総力戦の運営を合理的に進めていくために「道具」として必要な経済学の研究環境整備や経済学の内容の統一はイデオロギー闘争とは無関係に進められていった。

言論統制下での経済理論書の翻訳

イデオロギー闘争の嵐に巻き込まれ、厳しい言論統制が行なわれていた出版界においても、アメリカの国家資源委員会編『アメリカ経済の構造』がリプリントされる（第二章参照）など実証的な研究や経済理論書は盛んに出版されており、特に太平洋戦争中には財団法人経済学振興会が海外の経済理論書を翻訳出版したことが経済学研究の発展をもたらす基礎条件の一つを整備している。経済学振興会は昭和一六（一九四一）年六月に発会、九月に実業之日本社からの寄付金により財団法人として認可され、[39] 役員は高田保馬（理事長）、荒木光太郎（常務理事）、久保田明光（早稲田大学）、坂本弥三郎（神戸商業大学）、高橋誠一郎（慶應義塾大学）、中山伊知郎、油本豊吉（監事、東京帝国大学）であった。[40] 同会の目的は以下の宣言文に見られるように、外国の経済学書を翻訳し普及させることにあった。

我が国学界に於て現在最も要求せられつゝあることの一つは、重要且権威ある外国書を出来得る限り速かに翻訳して、容易にその知識に接するの機会を与ふることである。而もこれは、独り学界に貢献するのみならず、従来語学の関係上理解に困難なりし方面にも理解の道をひらく所以である。

本会こゝに経済学の分野に於て、新旧いづれを問はず、我が国学界並に一般読書界にとり重要なりと思惟せらるゝ外国書の翻訳促進を企図し、今後引続き同学諸賢の協力により権威ある翻訳の逐次完成を期する次第である。

財団法人　経済学振興会[41]

同会が戦時中に刊行した翻訳書には以下のものがある（すべて実業之日本社発行）。
ミュルダール、傍島省三訳『貨幣的均衡論』昭和一八年
オイケン、大泉行雄訳『国民経済学の基本問題』昭和一八年
アルバート・ハーン、大北文次郎訳『銀行信用の国民経済的理論』昭和一八年
シャルル・リスト、天沼紳一郎訳『貨幣信用学説史』昭和一八年
ハロッド、藤井茂訳『国際経済学』昭和一八年
レプケ、有井治訳『経済恐慌と景気変動』昭和一九年
マルサス、小松芳喬訳『経済学に於ける諸定義』昭和一九年
マルサス、三辺清一郎訳『価値尺度論』昭和一九年
ハーバラー、桑原晋訳『景気不景気論』昭和一九年
ハイエク、一谷藤一郎訳『資本の純粋理論』昭和一九年
ワーゲンフュール、気賀健三訳『経済学体系論（方法史的考察）』昭和二〇年
このほか、当初の計画ではロビンズ『経済学の本質と意義』、フランク・ナイト『危険・不確実性および利潤』(*Risk, Uncertainty and Profit*) などの翻訳も意図されていた。[42]
経済学振興会はまた、次の英文原書のリプリントもしている。

Wicksell, K., *Lectures on Political Economy*, Vol. 1 & 2（ヴィクセル『経済学講義』）昭和一七年
Hicks, J. R., *Value and Capital*（ヒックス『価値と資本』）昭和一七年、昭和一八年再版
Hayek, F. A., *The Pure Theory of Capital*（ハイエク『資本の純粋理論』）昭和一八年

マルサスを除き、ミュルダールやハロッド、ヒックス、ハーバラー、ハイエク、オイケン、レプケ、ヴィクセルなど、当時の重要な経済学者の経済理論書が翻訳・リプリントされていることが大きな特徴である。

特にヒックスの『価値と資本』のリプリントは高田保馬や青山秀夫が大学での英書講読や演習で使用した。当時京都帝国大学経済学部の学生だった森嶋通夫は青山から『価値と資本』を読むことを勧められ、「私はヒックスに熱中し、実業之日本社から出版された Value and Capital の写真版を読み継ぐことを、毎日の最大の仕事にしていた」と回想している。[43] ヒックスは戦後に日本を訪れた際に京都帝国大学で自分の本が昭和一八年から教科書として使用されていたのに驚き、どのようにして手に入れたのか訊ね、「一九四一年一二月まではアメリカを通じて輸入できた」「〔日本軍が占領した〕シンガポールで何冊か捕虜にした」という答えを紹介している[44]が、後者は冗談であり、戦争中だったため原著者に無許可でリプリントが行なわれ、再版もされていたというのが真相である。

第四章でとりあげた難波田春夫は当時、「敵性思想の掃滅」という題名の座談会で経済学振

興会の出版翻訳活動について「根本精神は拝英思想で英語をやつて行かうとする精神と全く同じだと思ふのです」と批判していた[45]が、安井琢磨は戦後、戦時中の外国の理論経済書の出版について次のように述べている。

戦争中の日本における言論統制ということを考えてみると、たとえばナチのやった徹底性に比べると日本はかなり抜けていたと思うね。戦争末期になって紙が不足したときには、特別の本しか増刷できなかったし、外国の書物も日本に入ってこなくなったので、そのリプリントがつくられることになったが、戦争中特別に紙を許可されて売られた経済学の外国書は、ヒックスの『価値と資本』、ウィクセルの『講義』、ハイエクの『資本の純粋理論』などで、だれがそういう本を選択したのかぼくは知らないけれども、こういう英米経済学の代表的書物が実業之日本社から出版されていました。いまでも実業之日本社版の『価値と資本』をなつかしがって持っている人がいます。こういうことを考えると、ドイツなどとだいぶ違うような気がするね。[46]

国策に沿っていた経済理論書の出版

英米と戦争しており「敵性思想の掃滅」が叫ばれるなかで、紙不足にもかかわらず英米の経済理論書が翻訳されたりリプリントされたことは、日本の出版統制が「かなり抜けていた」ことを意味するのだろうか。
東京府に提出された財団法人経済学振興会の設立許可申請書（昭和一六年八月二八日付）中の設立趣意書を見ると、外国の経済理論書を翻訳・出版しなければならない理由として、戦争により軍需品と必需品の輸入が増大したことでそれ以外の品目に対する輸入統制が行なわれ、「外国書の輸入を一層困難ならしむるに至つた」ことが挙げられている。「学術の進歩は広く知識をあつめ、研鑽し、切磋琢磨するにあり、独善の弊に陥ら」ないようにすることが重要であり、したがって「外国書入手の困難は本邦学界の将来にとつて暗影を投ずる由々しき問題」である。それゆえ外国書の輸入制限が国策上不可避であるなら、重要外国書は「直ちに翻訳して容易にその知識に接するの機会を与」えることが必要であり、「それは同時に、従来語学の関係上理解するに困難なりし者に理解の道をひらき、一般読書界に対しても大なる貢献」をすることになる。[47]
特に太平洋戦争勃発後には海外文献に接することが困難になり、これが日本の科学研究を停滞させることが懸念されたため、昭和一七年九月には技術院と全日本科学技術団体連合会とのあいだの協議に基づき、科学技術文献の蒐集翻訳機関を設置することが次官会議で決定され、政府からの助成金によって科学技術文献の翻訳が開始された。さらに昭和一八年九月には文部省が「翻訳事業実施要綱」を定めて外国科学書の翻訳を科学者に委嘱するようになった。[48] 総力戦の合理的な遂行が必要とされるなかでは、自然科学にしても経済学にしてもイデオロギーや国籍を問わず「ツール」として使える知識が求められ、それゆえ英米の経済理論書の翻訳やリプリントはむしろ国策に沿ったものとして盛んに行なわれることになったといえる。

さらに、自然科学と比べてイデオロギーに左右されやすい経済学の理論書がかなり多く出版できた一つの理由としては高田保馬の存在が考えられる。前述のように、これらのリプリントや翻訳書の出版を進めていた経済学振興会の理事長を務めていたのが高田であった。[49] 高田はオイケン『国民経済学の基本問題』やハイエク『資本の純粋理論』、ハーバラー『景気不景気論』の翻訳書中で解説を書いており、訳者の大泉行雄、一谷藤一郎、桑原晋も高田から翻訳を依頼されたことを訳者序で述べている。高田は経済理論書の翻訳出版のために活潑に活動していた。

昭和一五（一九四〇）年一二月、「出版新体制」の一環として財団法人日本出版文化協会（以下、出版文協）が設立され、昭和一六年六月から実際に業務が開始された。出版文協の業務はひとことで言えば各出版社への用紙の割り当てである。昭和一七（一九四二）年四月からはすべての書籍が出版文協による出版企画書の承認（許可）を経て初めて用紙割り当てが行なわれるなど、戦争が激化するなかで用紙割り当てとセットになった出版統制は一層厳しさを増していくが、[50] 高田は出版文協設立時の理事であった。経済学者ではそのほか出版文協に顧問として河田嗣郎、出版文化委員として東畑精一が参加しており、[51] その後追加で中山伊知郎、高橋誠一郎、土方成美、赤松要らが出版文化委員に就任している。[52] また出版文協は昭和一六年一一月から図書推薦制度を設け、用紙割り当てと関係させることで出版企画の指標的役割を担わせていた。最初の経済・商業分野の推薦委員は土方成美、中山伊知郎、赤松要、高橋誠一郎であり、昭和一七年七月以降の政治・法律・経済部門の推薦委員には大熊信行や難波田春夫と並んで高田保馬、高橋誠一郎、中山伊知郎、荒木光太郎らが委嘱されている。[53]

つまり高田らは当時の出版における出版許可や用紙割り当てにかなり関わる立場におり、経済学振興会理事の中山伊知郎が出版文化委員や推薦委員、同じく常務理事の荒木光太郎が推薦委員として出版文協に参加していたこともあり、「政治経済学」「日本経済学」などの書籍に混じって理論経済学書の増刷や出版が可能だった理由であると考えられる。

ただ、これは別の言い方をすると、高田らが出版統制に深く関与する立場にいたということである。高田は長年にわたり河上肇らマルクス主義者と論争を続けてきたマルクス批判者であり、「政治経済学」あるいは「日本経済学」などの構築を訴える主張についても「主流の所謂日本経済学、革新経済論、国家社会主義、これらは其実に於て殆ど同一のものであり、其由来を考へると、日本的衣裳を以て蔽はれたるマルクス的経済思想である」「マルクスの幽霊が和服を着て横行する」[54]という観点から批判していた。そしてマルクス批判者としての高田は第四章でとりあげたように文部省や国民精神文化研究所の実施した講義で「マルクシズム批判」「民族と経済」などの講義を行なうなど早い時期から政府に関係しており、これが高等試験の委員として政府から選ばれる理由でもあった。

特に社会学者でもあった高田は、自身の社会学理論から「民族の発展の為に生活を低位に置き人口を増加せしむべし」とする「国民皆貧論[55]」を大正時代から説いており、また東アジアの諸民族が一つの民族に融合していくという「東亜民族論[56]」を主張し、これは戦時下での生活水準の低下、「生めよ育てよ」が奨励された人口政策、「大東亜共栄圏」と合致するものであった[57]。高田には当時の政策を正当化するイデオローグとしての側面があり、それゆえそれに隠れる形で経済学を振興させようとする活動がしやすかったといえる。

高田は「東亜民族論」などを主張していたことにより昭和一八（一九四三）年一月に設立された文部省直轄の民族研究所所長に就任する。同研究所の設立理由は「大東亜戦争ヲ遂行シ大東亜建設ヲ完遂スル為国策遂行ニ関連アル諸民族ニ関スル基本的総合的調査研究ヲ掌ル機関ヲ設置スル緊急ノ必要アルニ依ル」ためであり、陸軍系商社の昭和通商から資金が提供されていた[58]。安井琢磨は、「民族研究所の研究会をするという名目」で旅費をもらって、大津で終戦までに年一～二回、安井のほか高田、中山伊知郎、園正造、丸谷喜市、坂本弥三郎、水谷一雄、青山秀夫、家本秀太郎、北野熊喜男《ゆきお》、栗村雄吉らが集まって研究会を行なったことを述べており、「これは実に楽しかった。これはひとえに高田先生のおかげです[59]」と高田に感謝している。

当時の日本における最も権威のある理論経済学者であり、欧米の経済理論に学ばなければならないことを強く主張していた高田が、同時に強いマルクス批判者であり政府からすれば「安全」な存在であり、さらに社会学者として戦時下の政策に合致した主張を繰り返すイデオローグでもあったことが、戦時下においても戦後「近代経済学」と呼ばれることになる経済学を保護し発展させる結果になったという、皮肉な結論を導くことも可能である。

ある忘れられた経済学者の果たした役割——荒木光太郎[60]

前述の経済学振興会は実業之日本社の寄付によって作られ、実業之日本社から翻訳書やリプリントを刊行していたが、これは同社社長の息子が東京帝国大学経済学部の荒木光太郎ゼミ出身だったことによる。荒木は常務理事として経済学振興会の実質的な運営に当たり、経済学振興会の事務所は荒木の自宅に置かれていた。

荒木は戦前の東京帝国大学農学部・経済学部で教授を務めた経済学者であるが、現在では同経済学部で起きた平賀粛学前後の派閥争いの中で名前が言及される場合がある程度で、ほとんど忘れられた存在となっている。荒木の専門分野は貨幣論であるが、研究面での業績やその活動も現在ではあまり知られていない。

荒木が現在ではその名を留めていないのは、その研究業績があまり当時の日本では評価されなかったこと（英文で執筆した研究は近年の海外の研究書でも引用されている）、戦後の早い時期（昭和二六〔一九五一〕年）に死去していることなどに加え、荒木が東大経済学部では当初河合栄治郎と近い関係だったにもかかわらず河合と対立する土方成美ら革新派に接近したこと（河合との個人的な関係はその後も続いたようである）、ナチスドイツとの文化交流に尽力したことな

荒木光太郎　火曜会編・発行『おもいで』1981年口絵より

ど、戦後の価値観からは否定的に捉えられがちな行動をとっていたことが挙げられる。それゆえ、戦後に大内兵衛や有沢広巳が東大経済学部に復帰する際には大内らと入れ替わる形で退職することになる。

他方、荒木のイデオロギー的な活動の側面のみに注目すると、日本の学界において荒木の果たした役割が見えにくくなる。荒木は一九二三年〜二六年の留学時にケンブリッジ大学でケインズの講義を聴講したり、ウィーンではミーゼスの私的ゼミナールに参加してハイエクらと交流したり、シュンペーターから私的教授を受けるなど、海外の著名な経済学者と多くの交流があり、理論経済学に十分な理解を持っていた。荒木はミーゼスらオーストリア学派の経済学者の研究を紹介したり、木村健康と安井琢磨がシュンペーターの『理論経済学の本質と主要内容』（原著一九〇八年）を翻訳するにあたり（昭和一一〔一九三六〕年刊行）東畑精一とともに翻訳の仲介をするなど、海外の経済学研究を日本に取り入れることに力を注いでおり、その延長上に経済学振興会の活動を位置づけることができる。

さらに残された資料や著作を見る限り荒木は仕事に熱心に取り組む傾向にあり、また多くの人が荒木の温厚さを証言している。こうした性格により荒木は経済学振興会以外にも多くの経済関係の研究組織の運営に携わっている。前述の日本経済学会では荒木は昭和九年の創設時の幹事を務めており、その後も昭和一五年一二月の第七回大会で理事、一六年六月の理事会では常任理事となるなど、戦前の日本経済学会の役員を長く務めている。また荒木は長らく石橋湛山らとともに金融制度の研究をしてきたことから、昭和一八年に石橋の意向で設立された金融学会(現・日本金融学会)の発起人および常任理事として中心的な活動を担った。

荒木は大蔵省などの委員としてもこうした「まとめ役」の仕事を数多くこなしており、石橋が設立を進言して戦後研究を行なうために昭和一九年秋に設立された大蔵省戦時経済特別調査室でも荒木は議論の取りまとめをしている(大蔵省戦時経済特別調査室の資料は長年見つかっていなかったが、平成二六〔二〇一四〕年に名古屋大学所蔵「荒木光太郎文書」の整理・調査の過程で見つかり、現在ではオンラインで公開されている)[61]。

また、昭和一六年に金融統制に必要な国内の資金量の把握のため、国家資力(国民所得)を研究する組織として大蔵省理財局に国家資力研究室が「革新官僚」として活躍した迫水久常の主導で設立された。室長に荒木、顧問に東大経済学部教授で統計学者の中川友長が就任して国民所得算定方法の研究が行なわれ、迫水の部下だった下村治(当時大蔵省事務官)のほか、吉野俊彦(日本銀行)、マルクス経済学者の渡辺多恵子らが参加した。

さらに国民所得推計の理論的・統計的研究の拡充を図るため、大蔵省総務局長となった迫水と荒木らで具体案を練り、昭和一八年九月には財団法人国家資力研究所が設立された。理事長は荒木の恩師の山崎覚次郎であったが荒木は理事として中川とともに実質的な運営にあたり、下村は参与、渡辺は嘱託として引き続き参加した。研究所では高田保馬や森田優三なども招かれ、国民所得推計の方法としてレオンチェフの産業連関表の研究、インフレーション対策としてサミュエルソンの乗数・加速度原理に基づく景気循環論の研究など、当時としては高水準の研究が進められている。下村は昭和一九年七月に支出面から国民所得を考え、乗数を用いて国民所得の計算を行なう方法を提唱している。国家資力研究所は戦後に大内兵衛が運営を引き受け、のちの財団法人統計研究会（平成三〇〔二〇一六〕年解散）や法政大学日本統計研究所の源流となった。

こうした研究のほか、荒木は特に東京大学経済学部における「近代経済学」の系譜に大きな影響を与えている。日本における数理経済学の発展に大きく貢献した安井琢磨は、一般均衡理論を本格的に紹介した中山伊知郎を二三歳のときに訪問して大きな影響を受けることになるが、その際に中山を紹介したのは安井の恩師の河合栄治郎と親しかった荒木であった。また既に述べたように、安井が木村健康とともにシュンペーターの『理論経済学の本質と主要内容』の翻訳の際に仲介の労を取ったのは荒木と東畑精一であった。安井は昭和一四（一九三九）年の平賀粛学で恩師の河合が東大経済学部を去った後も東大に残留することになるが、その後一九年に東北帝国大学に移るまで、東大経済学部内で最も近い関係にあったのは荒木であったと考えられる。安井はナチスドイツの準公式書籍『民族社会主義国家の基礎・構成および経済体制』

の翻訳である『新独逸国家大系』の一部を担当しているが、これは荒木が『新独逸国家大系』刊行会の一員であったことによるものと考えられる。また安井は荒木が責任者であった金融学会第一委員会に委員として加わっている。さらに安井は、経済学振興会により刊行されたミーゼス『貨幣及び流通手段の理論』の訳文に昭和一九年に目を通している。安井は前述のように、経済学振興会による『価値と資本』原著リプリントなどの刊行について「だれがそういう本を選択したのかぼくは知らないけれども」と述べているが、そうした発言とは裏腹にかなりの程度経済学振興会の活動内容を知っていたと思われる。

こうした荒木と安井との関係もあり、東大経済学部で安井の演習に学んだ大石泰彦（戦後東大経済学部教授）は昭和一八年九月に大学院特別研究生になる際、まだ助教授だった安井の示唆もあり荒木に指導教官になってもらい、荒木も大石に対して安井の教えを受けることを積極的に奨励したという。大石は荒木からの指示によりK・ヘルフェリッヒの『貨幣』を読み、一方で安井からはヒックスの『価値と資本』を学んだ。さらに大石は前述の金融学会の第一委員会幹事を務めている。荒木は終戦後に東大経済学部を辞職する際に大石を激励したという。大石は戦後も荒木邸をよく訪問し、荒木の死後に夫人に頼まれて蔵書を整理している（荒木の蔵書は現在、近畿大学中央図書館に所蔵されている）。

このほか、戦後の東大経済学部教授で荒木と関係の深かったのが交通経済学の研究者であった今野源八郎である。今野は昭和五（一九三〇）年から八年まで東大経済学部助手として荒木および橋爪明男の指導を受け、助手退職後にアメリカに留学する際に荒木からシュンペーターに紹介状をもらったほか、昭和一五年にナチスドイツとの学術交流の一環として開かれた日独学徒大会などの荒木の関わった学術的な集まりで報告を行なっている。

戦後マルクス経済学が主流になった東大経済学部の中で大石泰彦及び今野源八郎はいわゆる「近代経済学」の立場に立つ数少ない経済学者であり、さらに大石の門下生から多くの著名な経済学者が輩出したことを考えると、東大経済学部で「近代経済学」の系譜は荒木門下により維持されたともいえる。荒木は戦時期の日本において、後に「近代経済学」と呼ばれる経済学を用いた研究を進めていくうえで、また戦後に「近代経済学者」となる人材を育成するうえで、知られざる役割を果たしたのである。

「近代経済学」の超克

一方、「政治経済学」などを提唱した経済学者の多くは資本主義の行き詰まりとともに、ソ連における社会主義国家の建設やイタリア、ドイツのファシズムの広がり、アメリカのニューディール政策等を受けて、経済の歴史的転換が生じていると感じていた。さらに満洲事変・日中戦争、ヨーロッパにおける第二次大戦の勃発は、経済のみならず近代を支えるシステムそのものが世界的規模で変革を迎えているという印象を強くした。

第三章、第四章でも登場した作田荘一は、昭和一五（一九四〇）年に「西洋近代の経済学」

は個人主義的であり「「国の経済」（国民経済）に関する認識がきわめて希薄であ」ると批判し、[62]「処は日本であり、時は現代である」として、[63]現代の日本に合った経済学が必要であると主張している。作田は「国の経済なるものは……従来の経済学が殆ど知らなかつたもので、現代に興りつゝある新しい国民経済学に於て始めてその全貌を明らかにすることが出来る」と説き、「国の経済」の重要性は「近代経済学を学んだ人々には却つて知られて居ない」[64]と指摘した。作田にとって、「近代経済学」は西洋近代の個人主義を代表するものであり、現代日本の国民経済のためには「国民経済学」が必要なのだった。

近代を否定的にとらえる思想は、当時の思想界を風靡した「近代の超克」を反映したものである。哲学者の高山岩男は経済合理性を追求する「経済人」を前提とする「近代経済学」を否定することを訴えていた。高山は昭和一六（一九四一）年の岩波講座『倫理学』で「経済哲学」を論じた際に、「近代経済学」に代わる「現代経済学」の確立を主張している。[65]高山は高坂正顕・鈴木成高・西谷啓治との座談会を収録した『世界史的立場と日本』でも、「近代経済学」の前提となっている「経済人」が道義的精神を含むことで全体人に還ることが世界観の転換であるとした。対談相手のうち鈴木と西谷は『文學界』上で行なわれた有名な座談会「近代の超克」にも参加している。

「総力戦による近代世界観からの」世界観の転換といふのは、例へば経済戦に於ては、欲望の充足といふ近代経済の原則が間違ひといふよりも、寧ろ経済が欲望の次元ではもはや遂行できなくなつてきて、いはば経済外的な道義的精神をそのうちに含んで、しかも政治的に一元的に統一されて初めて遂行されてゆく。さういふ意味の転換だと思ふ。問題は経済内部の転換、経済法則の転換でなくして、欲望といふものの次元に立つてゐるいはゆる経済人――近代経済学の前提となつてゐる「経済人」の理念の転換にある。そこに欲望の次元にのみ立つてゐる近代経済の自己否定があるので、いはば「経済人」が全体人に、本来の人間に還ることだね。[66]

同様の認識は、京都学派とも親密であった大熊信行（第四章参照）も抱いていた。大熊は「純粋経済学」を批判したことで知られるが、同時に論文、評論、書籍において「近代経済学」を何度も批判している。戦前の日本において、内容は別として「近代経済学」という用語を一般に広めたのは、評論家として活躍した大熊の働きが大きいと思われる。

大熊の「近代経済学」批判は、もともと経済学に「時間の配分」の概念がないことについて行なわれている。ともに「近代経済学」である、「方法論も哲学も史観も形態論も均衡理論も政策実践の理論も、すべて綜合された一体系」であるマルクスの体系も、「均衡理論のみがそれだけとして純化してゆく傾向」にある「数理派の体系」も、経済財（economic goods）のみを扱うもので閑暇（時間）を扱っていなかったとして、時間配分を明示的に扱う経済学を作ることを大熊は訴えていた。[67]これ自体は時間を消費する文学作品という商品の特殊性を分析するための新しい経済学を作ろうというものであり、政治的意図はほとんど見られない。しかし前述したように、日中戦争勃発を契機として大熊は国家のための「政治経済学」を構築することを主張するようになっていく。その過程で「近代経済学」は、既存の政治経済体制を支えている、克服されるべき経済学となっていく。

大熊は、「近代経済学」が財貨学的な性格を持っており人間科学としての性質を備えていないこと、[68]交換を重視する近代市民社会を支える経済学であり社会的生産秩序における生活配慮を無視していること等を批判する。[69]財の交換を中心に扱うと考えられた従来の経済学は、大熊にとって超克されるべき近代の経済学であった。昭和一九（一九四四）年の文章でも大熊は、「近代経済学」は経済を出発点としているが、総力戦理論は国家を出発点とし、経済力ではなく国力または国家総力の配分を行なうものでなければならないと訴え、[70]経済の「自己封鎖的」性格を打ち破り近代的経済観を克服することを訴えている。[71]こうした大熊の「近代経済学」批判が逆に倫理を重視する難波田春夫から批判されたことは第四章で述べたとおりである。

マルクス主義からの近代主義批判

第四章の最後の安井琢磨の例のように、主に一般均衡理論やケインズ経済学に基づく経済学者は、戦時期の「近代の超克」などに反撥し、戦後は「近代経済学」という用語をあえて使うことが多かった。

ただ、「近代経済学」に対する批判は終戦により消滅したわけではなく、戦後には「近代経済学かマルクス経済学か」という形でマルクス経済学と対抗する経済学として「近代経済学」が認識されるようになった。「マルクス主義経済学以外の比較的新しい経済学は、一括「近代経済学」と呼ぶという社会的慣習」が成立するには、マルクス経済学の側からの「近代経済学批判」がどのようなものであったのかを理解する必要がある。

数理経済学など既存の経済学を「ブルジョア経済学」であるとして批判するマルクス主義からの批判は戦前から行なわれていたものだった。唯物論研究会などでマルクス主義の立場から活躍した哲学者の戸坂潤は昭和七（一九三二）年に、「形式論理的方法が最も科学的威厳を有つように見える場合は数学に於てであると人々は想像する」ため、マルクス主義（唯物論）の側から「追いつめられた」「ブルジョア経済学」の最後の形態が「近代的な」数理経済学になるとしていた。

数理経済学は、その方法から特色づければ、社会学的均衡理論——之は数理経済学とともにパレートが得意とした処である——の一部分に相当する。この均衡理論が社会を如何に機、械、論的に取り扱うか、従って如何にそれだけ非弁証法的・形式論理的に夫を取り扱わねばならぬかさえ見れば、ブ、ル、ジ、ョ、ア、経、済、学のこの精鋭が何であるか判る。——之は唯物史観（歴史的唯物論）に対立する・弁証法に対立する、観念論の形式主義の・最も近代的な適用物に外ならない。[72]

このような戦前からの影響もあり、終戦直後には経済学を含むあらゆる分野で「ブルジョア文化」を「近代主義」とする批判は、戦時期よりもむしろ一層激しく行なわれた。日高六郎の言葉を借りれば「超国家主義あるいは軍国主義的イデオロギーが影をひそめた敗戦直後には、極端にいえば、正統派マルクス・レーニン主義者以外のすべての思想傾向が、近代主義の名のもとに一括されたとさえ言ってよかった。（そのなかには、主体性論者としてのマルクス主義者もはいる）[73]」。近代主義は「近代資本主義の末期、特にその帝国主義の時代にブルジョア文化のうちに現われた一つの頽廃的な潮流であ」り、「ブルジョア文化の頽廃を強め、勤労者大衆に基礎をおく健全な民主主義的な文化の発達をさまたげることによって反動的ブルジョアジーに奉仕している」克服されるべき思想とされた[74]。

杉本栄一　『一橋論叢』1953年５月号より

このように正統派マルクス・レーニン主義者（日本共産党系の思想家）が近代主義を批判するなか、既に述べたような世界的に見ても早い時期における計量経済分析を行なう一方で、第四章の座談会「日本経済の基底」でも「経済」を超えた「政治経済」の立場を重視することを訴えていた杉本栄一が昭和二二（一九四七）年四月に論文「近代理論経済学とマルクス経済学」[75]を発表する。これが波紋を呼び、「近代経済学（または近代理論経済学）かマルクス経済学か」という議論が主にジャーナリズムで盛んに論じられた。第三章でとりあげたようにオスカー・ランゲは一九三五年に柴田敬の一般均衡理論とマルクスの再生産表式の統合の試みを高く評価しているが、杉本はそれを批判的に紹介し、オーストリア学派・ローザンヌ学派・ケンブリッジ学派等の総称としての「近代理論経済学」とマルクス経済学との切磋琢磨が必要であると説いた。後に杉本はマルクス経済学を「近代経済学」の一つに含めて『近代経済学の解明』（理論社、昭和二五〔一九五〇〕年）を書くが、マルクス経済学をも近代経済学として扱う杉本の認識は、昭和三年の河上肇と同様のものであり、むしろ当時としては古典的であった。

杉本のこうした主張に対しては安井琢磨が「［杉本］氏は近代経済理論をもってマルクスを毀《こぼ》つためにではなく、却って成就するために来た預言者である」[76]などと皮肉を浴びせたが、杉本はその後も、「「近代経済理論」としての一般均衡理論」は一九世紀的な古典力学を基に成立したものであり、長足の進歩を遂げている現代物理学に学ばなければならないとして、高島善哉《たかしまぜんや》、都留重人とともに物理学者の武谷三男から量子力学など当時の最新の物理学の講義を受けている。[77]杉本は、「近代経済理論家」が否定する価値（労働価値など）という概念は現代物理学における状態という概念と同様のものであり、状態は波動関数によって表現され観測できることを示したうえで、価値を問題としない「近代経済学」を批判した。

十九世紀的な古典物理学から学んだローザンヌ学派の経済学のみが近代経済学であると独断して、機能論から少しでも出ようとすれば、また経済学の範囲内で価値論を問題とすれば、直ちにそれは経験科学の範囲を超えるものであると非難することは、ただに一般均衡理論が範とした物理学そのものの進歩に眼を蔽うものであるのみならず、われわれの経済学の進歩に限界をおこうとする独断的な非科学的な態度であることは、明かであろう。[78]

もともと福田徳三のもとでマルクスを学んだ杉本の真意は、マルクス経済学はオーストリア学派・ローザンヌ学派・ケンブリッジ学派等と並んで近代資本主義の説明力を有する「近代的な」経済学であることの主張にあり、物理学にも学んで「価値論の内容を近代的な装備をもって豊富に」して「二十世紀的な近代理論[79]」を作り上げることにあった。ただ、「近代主義」が攻撃されていた当時、杉本の提案が受け入れられる余地はなく、杉本の提案は結果として「近代経済学かマルクス経済学か」という二者択一を一層助長することになった。

結局、正統派マルクス・レーニン主義の側からは、マルクス主義の中核をなす経済学において、マルクス経済学以外の経済学はすべて超克すべき近代主義に基づく「ブルジョア経済学」

であった。日本共産党系の民主主義科学者協会（民科）会員を中心に執筆・出版された『近代主義批判』（同友社、昭和二四〔一九四九〕年）では、中山伊知郎らが戦時中から官僚と結びついてきた「近代」派ブルジョア経済学として一様に批判されている。同時に正統派以外のマルクス経済学者（「マルクス主義経済学を標榜する旧労農派＝教授グループ」、大内兵衛・向坂逸郎・宇野弘蔵ら）も近代主義者として批判されているが、彼らはまがりなりにも「マルクス経済学」に属しており、「近代」派ブルジョア経済学とは区別されていた。

哲学を去つて、社会科学の諸部門に入れば、ここにも各種の近代主義的傾向を見いだすことは困難でないばかりか、むしろそれは支配的でさえあることを発見する。
たとえば経済学において、中山伊知郎氏をはじめとする戦時・戦後を通じて官僚と結びついてきた学派は、ケーンズやシュンペーターその他の「近代」派ブルジョア経済学の理論を継承しつつ、「修正資本主義」の政策を基礎ずけ《ママ》、労働者階級を最低の生活にあまんじさせようとする支配階級の要求に奉仕している。これは、近代主義のろこつな一体型と言われねばならぬ。[80]

同書所収の別の論文（「近代理論経済学批判[81]」）では中山の『純粋経済学』『経済学一般理論』が主にとりあげられ、中山が「資本主義の擁護論者」として批判されている。

「近代経済学」が現在に示唆するもの

一方、多くの知識人にとっては、丸山眞男の「我が国に於て近代的思惟は「超克」どころか、真に獲得されたことすらないと云ふ事実はかくて漸《ようや》く何人の眼にも明かになつた[82]」という言葉に代表されるように、日本では「近代的」な思考法はこれから獲得されるべきものだった。戦時期の「近代の超克」や「政治経済学」「日本経済学」に反撥し、またマルクス経済学を限界革命以前の古典的な経済学とみなす経済学者は、「近代主義」批判に対して「近代理論経済学」「近代経済理論」あるいは「近代経済学」の優位性を主張した。青山秀夫は戦時期にマックス・ヴェーバーの合理化論に多くを依拠して執筆しながら出版できなかった『近代国民経済の構造』を昭和二三（一九四八）年に出版するに際し、序において、同書で日本の普遍的近代的性格を強調しているのは「本書が日本の特殊性・異質性を強調・賛美する理論、また、自由経済の「段階」から統制経済への「段階」への段階的移行を説く理論の批判を意図して書かれたことの不可避的な結果である[83]」と述べている。ただ青山が戦後に同書を出版したのは、直接的には正統派マルクス・レーニン主義者の「近代主義」

青山秀夫　『京都大学経済学部八十年史』より

批判への対抗を意図したものであった。「近代」を冠した書名そのものや、同書の末尾での、ノイラート、ランゲの社会主義経済計算論の検討における、「市場的心性」の絶滅は困難であり営利欲求は経済生活の合理化にも貢献しうるとする青山の主張は、戦時期の統制経済への批判であったが、戦後の社会主義者への批判でもあった。

終戦とともに、超国家主義者は退場し、改めて社会主義者、共産主義者が登場した。たしかに彼等のうちには、社会を倫理化しようとする熱情に燃えた人々がある。吾々は、その熱情と良心に忠実なる行動とに対して、衷心より尊敬を払ふものである。

然し相手の良心を尊敬することは、直ちに、立場の同化を意味するものではない。然らば、彼等に対して吾々は如何なる立場に立つか。脱稿後五年、敢て本書を公にするのは、不完全ながら、それに対する若干の解答を含むからである。吾国に於ては、共産主義者は勿論、社会主義者もまた、多くの場合、マルクス経済学と唯物史観との支持者である。これに対して私は、一方に於て近代経済理論の立場に立つとともに、他方に於て歴史社会的問題についてはここに略述したやうなウェーバーの社会理論から出発して考へたいと思ふ。[84]

「近代」の経済学を否定するか肯定するかは、個人の信念であると同時に、近代の産物とされる資本主義の肯定か否定かという政治的な問題に直結していた。それゆえ、終戦直後の時期には「近代経済学かマルクス経済学か」が政治的な問題となり、「近代理論経済学」または「近代経済学」を題名に含む書籍が大量に出版された。それらの内容はオーストリア学派や一般均衡理論、ケインズ『一般理論』に拠って「近代経済学」を肯定するもの、マルクス経済学の立場から否定するもの、両方の立場の論説を集めたものとさまざまである。[85] こうした論争は日本経済の復興に従い落ち着いていくが、「近代経済学」という名称はマルクス主義の側からする近代主義批判とも相まって、日本では「ミクロ経済学とマクロ経済学を合わせたマルクス経済学以外の経済学」として定着していく。

もともと「近代経済学」は、現代の modern economics の意味と同じように単に「現代の経済学」という意味であった。しかし総力戦体制の進展とともに、戦時中から戦後にかけて、近代を肯定するのか否定するのかという選択が、資本主義を肯定するのか否かという政治選択と同義となっていたことが、「近代経済学」の実体と名前を準備することになった。総力戦のなかで、体系がなく混乱したそれまでの経済学において内容や研究環境の整備が進められ、一つの体系を持つようになる一方、近代資本主義を超克し批判する経済学を作り支持するのか、それとも近代資本主義を支える合理性に基づく経済学を支持するのかという「あれか、これか」の政治選択を迫られたことが、最終的に「近代経済学」を「マルクス経済学以外の経済学」という意味にしたのである。中山伊知郎は日本特殊な意味で「近代経済学」が使われるようになった理由として、戦後「非常に強い勢いでマルクス経済学が意識されるようになった」ことのほか、「政治的対立、とくに日本の戦後において、今日まで続いている保守・革新の政治的対立が、学問の分野に持ち込まれた」ことを挙げている。戦争中から終戦直後にかけて批判されていた中山の実感だろう。[86]

今や「マルクス経済学か近代経済学か」という問題自体が立てられなくなり、経済学といえばミクロ経済学とマクロ経済学の違いしかなく、しかもマクロ経済学にもミクロ的な基礎が求められ、経済学はほぼ一つの体系に統一されている。「近代経済学」という言葉自体使われることが少なくなっていることは、経済学そのものは政治的対立に左右されることがなくなったことを示すものとして喜ぶべきなのかもしれない。

しかし、経済学が政治と無関係になることはないだろう。政府が経済学に限らず学術を支援するのは特定の政治目的(経済成長そのほか)を達成するためであるし、ある経済政策上の主張が政治的対立を生めば、経済政策を支える根拠としての経済学がイデオロギーの性質を帯びることになるだろう。経済学から導かれた結論がどれほど優れたものであっても、それが政策提言として現実の経済に生かされるのは多くの場合その結論が政治的な大目的に合致している場合に限られ、また大衆民主主義の進展した社会においては経済をめぐる問題は常に政治的な対立を引き起こす。経済学者がそのような経済学の政治性に無自覚であれば、経済学を現実の経済に役立てることはできないだろう。その意味で、なぜ日本ではマルクス経済学以外の経済学が「近代経済学」と呼ばれたのかを戦争との関係から明らかにすることは、「社会のなかにおける経済学」を考えるうえで、現在にも示唆を与えるものである。

1 早坂忠「『近代経済学』とは何か」稲田献一・岡本哲治・早坂忠編『近代経済学再考』有斐閣選書、一九七四年所収、葛西孝平「「マルクス経済学」と「近代経済学」、その日本的状況（一）――「二分法」の成立と「切磋琢磨」論――」『京都教育大学紀要 A（人文・社会）』第四六号、一九七五年等。

2 古谷弘「近代経済学」みすず書房編集部編『社会科学入門』みすず書房、一九五六年所収、一三九‐一四〇ページ。古谷は「非マルクス主義経済学以外の比較的新しい経済学は、一括「近代経済学」と呼ぶという社会的慣習」（傍点筆者）と書いているが、前後の文脈から考えて「非」は誤植として削除した。

3 木村健康「対話の必要」『中央公論』一九六七年五月号、三九五ページ、青山秀夫「近代経済理論のマルクス批判」自由国民社編『マルクスとたたかう代表的学説十五講』自由国民社、一九五〇年所収、三〇四ページ。

4 山田雄三「限界利用学派」東京商科大学一橋新聞部『経済学研究の栞』三省堂、一九三五年、一一一ページ。

5 河上肇『経済学大綱』『経済学全集』第一巻、改造社、一九二八年、四三三ページ。

6 同右、四三六ページ。

7 高田保馬「日本的学問とは何ぞや」同『回想記』改造社、一九三八年、一九八‐一九九ページ。

8 同右、二〇五ページ。

9 高田保馬訳「レオン・ワラア及ビロザンヌ学派」『経済学商業学国民経済雑誌』第一三巻第五‐六号、一九一二年。

10 拙稿「高田保馬の価格論と勢力説」『経済論叢』第一七六巻第四号、二〇〇五年。

11 中山伊知郎「経済均衡理論の本質と価格勢力学説」『経済学研究』第一巻、一九三二年、『中山伊知郎全集』第一集所収等。
12 高田保馬「経済学の展望」『日本諸学』創刊号、一九四二年、二三〇-二三一ページ。
13 高田保馬『民族と経済　第二集』有斐閣、一九四三年、一四八ページ。
14 沢木耕太郎『危機の宰相』魁星出版、二〇〇六年、一一九ページ。
15 座談会「近代経済学の展開と背景」（出席者：東畑精一・山田雄三・安井琢磨・中山伊知郎）『中山伊知郎全集』別巻、講談社、一九七三年、二七ページ。
16 丸山眞男『日本の思想』岩波新書、一九六一年、五五ページ。
17 有沢広巳・玉野井芳郎編『近代日本を考える』東洋経済新報社、一九七三年、一四九-一五〇ページ。
18 座談会「東京大学経済学部における近代経済学の発展」『東京大学経済学部五十年史』東京大学出版会、一九七六年所収、五八四ページ。
19 同右、五八四-五八五ページ。
20 伊藤隆監修・百瀬孝『事典　昭和戦前期の日本　制度と実態』吉川弘文館、一九九〇年、九七-九八ページ。
21 TO生「頑張る者に勝利あり」『受験界』第二四巻第二号、一九四三年、九六ページ。
22 「最近五ヶ年間高等試験問題科目別輯録（二）」『受験界』第二二巻第五号、一九四一年、五九ページ。
23 「高田保馬博士年譜」『高田保馬博士還暦記念論文集』京都帝国大学経済学会、一九四四年所収及び『受験界』第一九巻第七-八号、一九三八年、同第二〇巻第七号、一九三九年、同第二一巻第七号、一九四〇年、同第二二巻第七号、一九四一年、同第二三巻第四号、一九四二年。
24 「昭和一六年度高等試験委員並高文合格者を囲む座談会記録」『受験界』第二三巻第二号、一九四二年、六七ページ。
25 相沢英之「昭和十七年度行政科・司法科合格記」『国家試験』第一五巻第一号、一九四三年、八九ページ。

26 御厨貴・中村隆英編『聞き書 宮澤喜一回顧録』岩波書店、二〇〇五年、二五ページ。
27 高田保馬『第二経済学概論』日本評論社、一九四一年、自序二ページ。
28 Morishima, M. (1995), 'Foreword: Yasuma Takata (1883-1971)', in Takata, Y., *Power Theory of Economics*, Trans. Anthony, D. W., New York, St. Martin's Press, xxv.
29 座談会「東京大学経済学部における近代経済学の発展」五九一ページ。
30 広重徹『科学の社会史（上） 戦争と科学』岩波現代文庫、二〇〇二年、一五五－一六一ページ。
31 日本学術振興会学術部『昭和一六年度事業報告』一九四二年、二二一－二二六ページ。
32 池尾愛子『日本の経済学――二〇世紀における国際化の歴史』名古屋大学出版会、二〇〇六年、九二－九三ページ。
33 日本学術振興会学術部『昭和一六年度事業報告』一八二－一八九ページ。
34 第三八小委員会が設置された際（一九三九年四月）の委員は、金原賢之助（慶應義塾大学）、小島昌太郎（京都帝国大学）、汐見三郎（京都帝国大学）、田中金司（神戸商業大学）、高垣寅次郎（東京商科大学）、赤松要（名古屋高等商業学校）、谷口吉彦（京都帝国大学）、福田敬太郎（神戸商業大学）、増井幸雄（慶應義塾大学）、村本福松（大阪商科大学）、高瀬荘太郎（東京商科大学）、長谷川安兵衛（早稲田大学）、平井泰太郎（神戸商業大学）のほか、平賀粛学で東京帝国大学経済学部を退職した土方成美、本位田祥男、中西寅雄がおり、その他民間から飯野浪二（三菱商事株式会社）、神馬新七郎（川崎造船所）、野田信夫（三菱経済研究所）、波多野貞夫（能率連合会理事長）、さらに「外に陸海軍の専門家」が挙げられている（「価格統制に関する基礎的研究を行ふために第三十八小委員会の新設」『学術振興』第一四号、一九三九年四月、八七ページ）。
35 日本学術振興会学術部『昭和一六年度事業報告』一六九－一七〇ページ。
36 上久保敏「日本諸学振興委員会経済学会――戦時下の「官製学会」に関する一考察」『日本経済思想史研究』第五号、二〇〇五年。
37 井藤半弥「第四回経済学会所感」『日本諸学』第二号、一九四二年、一八六ページ。

38 「発刊の辞」『日本経済学会年報　第一輯』一九四一年、二-三ページ。
39 実業之日本社社史編纂委員会編『実業之日本社百年史』実業之日本社、一九九七年、一五五ページ。
40 オイケン、大泉行雄訳『国民経済学の基本問題』実業之日本社、一九四三年、「訳者小引」三ページ。
41 同右、扉部分より引用。
42 「財団法人経済学振興会事業計画案」国立公文書館「経済学振興会（昭和一七・一〇〜昭和六三・一二）」請求番号：本館-三D-〇二五-〇〇・平七文部〇一五八二二〇〇所収。
43 森嶋通夫「ある人生の記録」『森嶋通夫著作集』別巻、岩波書店、二〇〇五年、四九-五一ページ。
44 Hicks, J. R., *Classics and Moderns*, Basil Blackwell, 1983, p. 361.
45 座談会「敵性思想の掃滅」『公論』一九四三年六月号、三五ページ。
46 安井琢磨編著『近代経済学と私』木鐸社、一九八〇年、一一〇ページ。
47 「「経済学振興会」設立趣意書」国立公文書館「経済学振興会（昭和一七・一〇〜昭和六三・一二）」所収。なお設立趣意書では日本側の研究の外国語への翻訳による海外への紹介も目的とされているが、これは太平洋戦争勃発により実際には行なわれなかったようである。
48 広重徹『科学の社会史（下）　経済成長と科学』岩波現代文庫、二〇〇三年、四二ページ。
49 「財団法人経済学振興会設立許可申請書」国立公文書館「経済学振興会（昭和一七・一〇〜昭和六三・一二）」所収。
50 矢作勝美編著『有斐閣百年史』有斐閣、一九八〇年、三五八-三六〇ページ。
51 「日本出版文化協会の陣容」『出版文化』第一号、一九四一年、九-一〇ページ。
52 「出版文化委員追加選任決定　ブレーン・トラスト更に充実」『出版文化』第三号、一九四一年。
53 『有斐閣百年史』三六四ページ。
54 高田『民族と経済　第二集』三七二-三七三ページ。
55 高田保馬『民族耐乏』甲鳥書林、一九四二年、一八四-一八五ページ。
56 高田保馬『東亜民族論』岩波書店、一九三九年。

57 特に高田の貧困論、人口論については拙稿「高田保馬の貧困論」小峯敦編著『経済思想のなかの貧困・福祉――近現代の日英における「経世済民」論』ミネルヴァ書房、二〇一一年を参考。

58 中生勝美「民族研究所の組織と行動――戦争中の日本民族学」『民族学研究』第六二巻第一号、一九九七年。

59 安井『近代経済学と私』八六ページ。

60 本節は以下を基にしている。名古屋大学大学院経済学研究科附属国際経済政策研究センター情報資料室編・刊行『荒木光太郎文書解説目録　増補改訂版』(http://www.nul.nagoya-u.ac.jp/erc/collection/araki.pdf)、二〇一八年、拙稿「荒木光太郎――ネットワークを通じた経済学の制度化」八木紀一郎・柳田芳伸編『埋もれし近代日本の経済学者たち』昭和堂、二〇一八年所収。

61 http://www.nul.nagoya-u.ac.jp/erc/collection/araki.html。大蔵省戦時経済特別調査室については牧野邦昭・小堀聡「石橋湛山と「戦時経済特別調査室」――名古屋大学所蔵「荒木光太郎文書」より」『自由思想』第一三五号、二〇一四年および拙稿「石橋湛山の戦後構想――「大西洋憲章」「大東亜共同宣言」「大東亜大使会議宣言」との関係を中心に」『自由思想』第一四八号、二〇一八年を参照。

62 作田荘一『我が国体と経済』〔文部省〕教学局、一九四〇年、八ページ。

63 同右、九ページ。

64 同右、一八 - 一九ページ。

65 高山岩男「経済哲学」岩波講座『倫理学』第五冊、一九四一年所収、一三四ページ。

66 高坂正顕・高山岩男・鈴木成高・西谷啓治『世界史的立場と日本』中央公論社、一九四三年、三二二 - 三二三ページ。

67 大熊信行「文学のための経済学――文学の商品性および商品としての特殊性」『高岡高等商業学校研究論集』第六巻第一号、一九三三年、五八ページ。

68 大熊信行『政治経済学の問題』日本評論社、一九四〇年、二三七ページ。

69 大熊信行「生命体としての国家」『日本評論』一九四三年一月号、同『戦中戦後の精神史』論創社、一九七九年所収、八七ページ。
70 大熊信行「国家総力戦の基礎」土屋清編『日本総力戦経済論』柏葉書院、一九四四年所収、八–九ページ。
71 同右、九–一〇ページ。
72 戸坂潤『イデオロギー概論』理想社、一九三二年、『戸坂潤全集』第二巻、勁草書房、一九六六年、一五一ページ。
73 日高六郎「戦後の「近代主義」」『現代日本思想体系三四　近代主義』筑摩書房、一九六四年、一四ページ。
74 蔵原惟人「近代主義とその克服」『前衛』第三〇号、一九四八年、四一ページ。
75 杉本栄一「近代理論経済学とマルクス経済学」『理論』創刊号、一九四七年四月、杉本栄一『近代経済学の基本性格』日本評論社、一九四九年所収。
76 安井琢磨「近代経済理論とマルクス経済学」『理論』第二号、一九四七年、同『経済学とその周辺』木鐸社、一九七九年所収、二五ページ。
77 武谷三男・久保亮五・杉本栄一・高島善哉・都留重人『自然科学と社会科学の現代的交流』理論社、一九四九年の小宮山量平による「後記」(三九八ページ)。
78 同右、八–九ページ。
79 同右、一〇ページ。
80 伊豆公夫「近代主義と近代精神」伊豆公夫編『近代主義批判』同友社、一九四九年所収、九ページ。
81 上杉正一郎「近代理論経済学批判」『近代主義批判』所収。
82 丸山眞男「近代的思惟」一九四五年、同『戦中と戦後の間』みすず書房、一九七六年、一八九ページ。
83 青山秀夫『近代国民経済の構造』白日書院、一九四八年、「序」一五ページ。
84 同右、「序」一三ページ。
85 経済同友会編『近代経済学系譜』日本経済新聞社、一九四九年は中山伊知郎、久武雅夫、山田雄三、

86　古谷弘らが執筆者で、「近代経済学」を肯定的に用いている。戸田武雄『近代経済学の形成』銀座出版社、一九四八年はマルクス経済学の立場に立って中山伊知郎を批判するなど「近代経済学」を否定的に捉えている。東京大学新聞社編集部編『近代経済学の課題』東京大学新聞社出版部、一九四八年は双方の立場からの論説を集めている。中山伊知郎「近代経済学について」『中山伊知郎全集』第六集、講談社、一九七二年、二九四－二九五ページ。

あとがき

もともと経済学史や思想史に関心のなかった私が本書のような研究をするに至った契機は、率直に言うと自分でも明瞭ではないが、あえて言うならば、経済学を学び始めた頃から抱いてきた漠然とした疑問に答えるためだったのではないかと思われる。

経済学を学び出した頃、私は何か違和感を覚えていたが、その違和感の正体が何なのか、当時はわからなかった。現在の多くの経済学部の学生と同じようにミクロ経済学、マクロ経済学、計量経済学を学び、それらによって経済現象が分析できることに感心はしたものの、同時に何かひっかかるものを感じていた。かといってマルクス経済学にも、また経済学史で学ぶ現在とは異なった時代の経済学にも納得できなかった私は、「何が問題なのか」がわからないまま経済学の勉強を続けたが、結局方向転換して現在に至っている。

今からみれば、当時の私が感じていた違和感は、「経済学はなぜこうなっているのか」という疑問だったのではないだろうかと考えられる。これは現代の経済学の内容（理論や前提）に対する疑問というよりも、「なぜ経済学というものが現在存在しているのか」「なぜ経済学部が存在し、共通の内容が教えられ、試験では特定の理論に基づく正解を答えることが求められるのか」「なぜ公務員試験など資格試験では経済学の問題が出題されるのか」「なぜ経済学は役に立たないといわれるのか、人々は経済学に何を期待しているのか」といったさまざまな疑問をすべて含むものである。これらの疑問はより専門的には「経済学はどのように制度化されているのか」とも言えるが、人々が経済学に対して抱くイメージまで含めれば、「経済学を経済学として社会のなかで成り立たせる知の基盤は何か」という疑問として表現した方がより正確かもしれない（「知の基盤」は、フーコー的に言えば「エピステーメー」と言えるのかもしれないが、そう言いきってしまうには本書の研究は不十分であるため、あいまいではあるが「知の基盤」という表現にしている）。

研究をしていくなかで実感したことは、人間がその時代の制度や支配的な思想から逃れることがいかに難しいかということである。自身が普遍的な立場に立っているつもりで発言しても、また心の底から善意で行動していても、それが結局のところ特定の制度や思想を支える役割を果たすことになってしまう。本書では戦時下のさまざまな経済学者の言動に批評を加えたが、自分自身が同じ状況に置かれた場合にどのようなことを主張し、またどのように行動できるかはわからないし、そもそも本書の視点そのものも後世から見れば特定の要因から作り出されたものだとみなされる可能性がある。

もちろん、すべては歴史的に見れば相対的な価値しかないというだけでは、ただの懐疑論に陥るしかなく、私たちは先の見えないなかで経済学などを根拠にして選択を行なっていくしかない。ただ、自分が正しいと信じる選択が別の観点からは異なる評価になるかもしれないという認識を持たなければ、そもそも他者との対話は成立せず、他者を説得することができなければ、自分の選択を実行に移すこともできないだろう。その意味で、総力戦のなかで行なわれた経済学者の試行錯誤や、経済学者を取り巻いていた制度や思想を知り、自分自身の考えを客観視しようとすることは有益だと思われる。

なお、本書では現代の日本の経済学の「知の基盤」の原点を総力戦に求めたが、その論証には不十分な点も多々あり、また今後より広い時代区分（明治から現代まで）にわたる研究、また他国との比較など広範囲にわたる研究が必要になる。前述のように「経済学はなぜこうなっているのか」という疑問から出発した私だが、現在では経済学を受け入れた近代日本のあり方そのものを考える必要性を感じており、研究を通じて結論が変わってくる可能性も当然ある。本書は中間的な報告であることをご理解いただきたい。

本書は、二〇〇八年一月に京都大学大学院経済学研究科に提出した博士論文とこれまで執筆した論文・発表用原稿を基にして、論旨の展開上不要な部分を大幅に削除するとともに、考え方の変わった部分や誤りを修正して全面的に書き換え、さらに全く新しく書き下ろした部分を追加したものである。

上梓にあたり、八木紀一郎先生、根井雅弘先生に厚くお礼を申し上げたい。両先生との出会いがなければ本書、ひいては現在の自分はなかっただろう。また、田中秀夫先生をはじめとする京都大学大学院経済学研究科の先生方および同研究科図書室・調査資料室の方々、京都大学大学院経済学研究科および人間・環境学研究科の若手研究者の方々、京阪経済研究会、ポスト・マルクス研究会の先生方および若手研究者の方々、そして駆け出しの研究者に執筆の機会を与えてくださった中央公論新社の小野一雄氏、松室徹氏にこの場を借りてお礼申し上げたい。最後に、好き勝手なことをしている息子を呆れながらも温かく見守ってくださった両親に感謝したい。

二〇一〇年五月

牧野邦昭

新版のあとがき

二〇一〇年六月に刊行された本書の旧版は幸いにして二〇一一年度（第三二回）石橋湛山賞をいただくことができた。一方、二〇一一年に筆者の所属する日本経済思想史研究会（現・日本経済思想史学会）から「評伝・日本の経済思想」シリーズ（日本経済評論社）の一冊『柴田敬』の執筆依頼を受け、柴田敬について改めて研究を始めた。また二〇一三年以降相次いで秋丸機関の報告書をインターネット上のデータベースの検索を通じて見つけたことで、秋丸機関の研究も再開した。同じ二〇一三年からは名古屋大学大学院経済学研究科附属国際経済政策研究センター情報資料室所蔵「荒木光太郎文書」の調査研究に携わることになった。このほか学会や研究会を通じて多くのベテラン研究者の方々や同世代の研究者たちと交流する中で、経済思想史だけでなく経済史や政治史、社会史、外交史などの最新の情報に触れることができた。そうした成果を取り込んで単著『柴田敬』（二〇一五年）、『経済学者たちの日米開戦』（二〇一八年）や『荒木光太郎文書解説目録』（小堀聡氏らとの共著、増補改訂版二〇一八年）を刊行することができた。もちろん研究はこれからも人生と共に続いていくが、二〇一〇年代が終わる今から振り返ると、多くの人や新しい資料と次から次に「出会う」ことによって研究成果を世に出すことができたことに不思議な気もする。そうした出会いを生み出すきっかけとなったのが二〇一〇年に刊行された本書であった。

他方、そのように新しい研究が進展することによって、本書の旧版の内容にも修正する必要のある記述や追加しなければならない情報が増えてきた。それを長らく気にかけていたが、今回、小野一雄氏のご提案により新版を再び中央公論新社から刊行していただけることになった。特に秋丸機関について全面的に改訂したほか、荒木光太郎についてまとまった分量の加筆を行ない、新たな視点を提示している。そして高橋真理子氏の適切なご指摘を基に、章の名前や見出しを変更し、一部の難解な表現も分かりやすくすることができた。小野氏と高橋氏にこの場を借りてお礼申し上げる。

なお旧版では最後に経済評論家の高橋亀吉の戦時期の思想と活動をとりあげていたが、今回の新版では全体の統一性を考慮して削除している。高橋亀吉については石橋湛山と合わせて別の機会に改めて論じたい。

二〇一九年一二月

牧野邦昭

【ワ行】

【マ行】

【ヤ行】

【ラ行】

【サ行】

人名索引